—— 学习高手"攸"方法 ——

让自律
成为习惯

攸佳宁工作室 **著**

SPM 南方传媒

全国优秀出版社
全国百佳图书出版单位 广东教育出版社

·广 州·

图书在版编目（CIP）数据

让自律成为习惯 / 攸佳宁工作室著 . -- 广州 : 广东教育出版社 , 2024. 8. -- (学习高手"攸"方法).
ISBN 978-7-5548-6077-9

Ⅰ . C933.41-49

中国国家版本馆 CIP 数据核字第 2024JV8339 号

让自律成为习惯

RANG ZILÜ CHENGWEI XIGUAN

出 版 人：朱文清
策划编辑：卞晓琰
责任编辑：冯玉婷　刘　玥
责任技编：杨启承
责任校对：朱　琳
封面设计：林彦孜
出版发行：广东教育出版社
　　　　　（广州市环市东路472号12-15楼　邮政编码：510075）
销售热线：020-87614531
网　　址：http://www.gjs.cn
邮　　箱：gjs-quality@nfcb.com.cn
经　　销：广东新华发行集团股份有限公司
印　　刷：广州市岭美文化科技有限公司
　　　　　（广州市荔湾区花地大道南海南工商贸易区A幢）
规　　格：787 mm×1092 mm　1/16
印　　张：9.5
字　　数：190千
版　　次：2024年8月第1版
　　　　　2024年8月第1次印刷
定　　价：36.80元

目录

1. 找准动机类型，提高学习自主性

1分钟小漫画

集思广益

每天在家写作业，坐在书桌前就觉得好无聊啊！

一个人写作业一点意思都没有。

回到家不写作业第二天是会被老师批评的。

我觉得和小伙伴们一起讨论一起写作业才更有意思！

能不能让好朋友来家里跟我一起完成作业啊？

攸攸教授有方法

一个人写作业时，你是不是常常觉得自己像孤岛一样，无聊得快要睡着了？但一旦有小伙伴加入，瞬间就像开启了欢乐模式！这种情况其实和我们的学习动机密切相关哦。只有找对了自己的动机类型，按照适合自己的方式去学习，我们才会更有动力，学起来也会更轻松！

巴特尔的玩家动机分类理论

电子游戏设计专家巴特尔教授，根据玩家在游戏中的不同表现，提出了玩家动机分类理论。巴特尔教授把玩家的动机分为四种类型：竞争型、成就型、探索型和社交型。后来，大家发现这四种动机类型不仅能够描述不同的游戏玩家，也能用来描述拥有不同学习动机的学生。那这四种动机类型，分别是怎样的呢？

下面的坐标图为我们打开了动机类型的神奇大门，横轴两端分别代表着个人内在和外部世界。思考一下：你在学习的过程中是更加注重自身感受、内在体验，还是全身心投入到知识的世界、喜欢向外探索呢？而纵轴则代表着独自行动和与好友互动。如果能够选择的话：你是更愿意自己独自学习、向其他同学发起挑战，还是更喜欢在小组中学习、积极与同学互动呢？

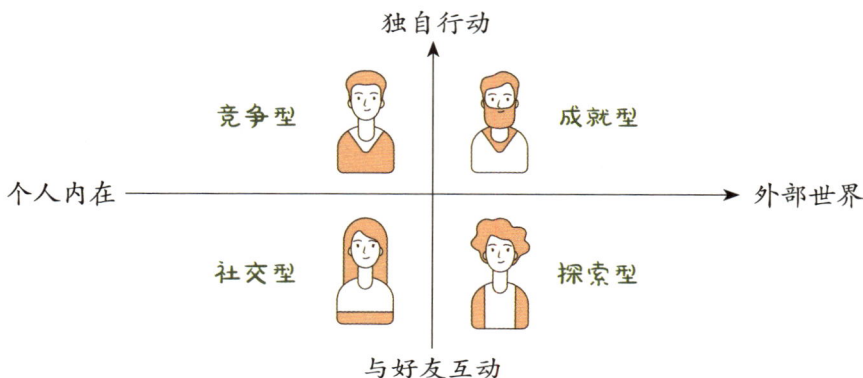

如果你的选择落在个人内在和独自行动的交集区域，那你就属于竞争型选手啦！在游戏中，竞争型选手在击败对手时会兴奋不已；在生活中，他们也常常以超越他人为目标，喜欢和别人一决高下。例如，英国的第一位女首相撒切尔夫人就属于典型的竞争型！她小时候就特别喜欢和别人竞争，无论是在学习还是社交活动中，她都想要超越别人，甚至每次坐车时，她都尽量坐在前排。

如果你的选择落在了外部世界和独自行动交叉的区域，那你就是成就型玩家啦！这类型的人喜欢在游戏里获得具体的成就，不太在乎其他玩家，他们只想改变世界，实现自己的理想。在生活中，他们很注重地位、成绩、荣誉等级。例

如，特斯拉汽车公司的总裁马斯克就是典型的成就者，他的行动力超强，极度渴望成功，但却不太擅长与他人交往。

如果你的选择落在外部世界和与好友互动相交的区域，那你就是探索型玩家啦！探索型玩家对游戏世界充满好奇，但和成就型玩家不同的是，他们不想改变世界，只想探索世界。他们喜欢不断探索，追求发现新事物，每当学会新技能就会非常开心！比如在2021年联合国气候大会上演讲的大卫·爱登堡爵士，就是典型的探索者，他并不想征服自然，而是在好奇心的驱动下不断了解自然、探索自然，和大自然做朋友。

探索型

如果你的选择落在了个人内在和与好友互动相交的区域，那你就是社交型玩家！社交型的人喜欢与人交流、互动，喜欢和朋友们一起玩游戏。例如，央视著名主持人撒贝宁，就是典型的社交者，他会主动和别人交往，也懂得为自己争取学习成长的机会。

社交型

现在我们了解了四种不同的动机类型。不过要注意哦，我们不能把自己局限在某种特定的类型里，了解这些只是培养自我管理能力的一种方法。

动机挖掘三段式：挖掘—判断—融入

那么，知道了四大动机类型，要怎么判断自己属于哪种类型，并且让它帮助我们学习呢？现在，我向大家介绍一个非常有用的方法——动机挖掘三段式。

第一步：挖掘

我们可以回忆一下自己过去的经历，好好挖掘自己的爱好。你是喜欢竞技类运动，还是喜欢安静地看书？或者更喜欢和朋友聊天？我们也可以回忆一下自己对成功经验的关注重点。比如在某次考试或比赛中，让你兴奋的是取得了较高的排名呢，还是和小伙伴们一起解决了难题？又或者是用新知识或技能顺利通关？这些问题可以帮助我们挖掘自己的动机类型。

第二步：判断

回忆完自己的过往经历后，就可以把得到的答案套到"巴特尔玩家动机分类理论"里，一个一个对号入座，从而判断自己属于哪一种动机类型了。比如在爱好上，你喜欢和朋友聊天，那你可能就是社交型；比如在对成功经验的关注上，你更在乎排名，那你可能就是成就型。如果两种爱好你都喜欢，两个方面你都关注，那你可能就是复合型哦！

第三步：融入

判断出自己的动机类型后，就可以把自己感兴趣的活动融进学习里，这样学习就不会无聊啦！比如你是社交型，那就可以找个同样是社交型的同学一起学习、一起背书、一起讨论题目、一起巩固知识；如果你是探索型，就可以把在学校学习知识当成对未知的探索，去享受探索学科基础知识带来的乐趣！至于另外两个类型怎样融入学习，我们快快转动自己的小脑袋想一想吧！

欣欣教授心里话

爱因斯坦说过："游戏是最高的研究形式。"对于人类而言，游戏本身就是一种最好的学习方式，找到自己的动机类型，我们就能尽情享受学习的乐趣，迎接每一个知识挑战！

2. 增强自控力，正确面对生活诱惑

1分钟小漫画

等我反应过来……

我发现在学校老师的监督下，我就可以认真学习！

可是一到家，我就会被身边的一切趣事吸引，很难安心写作业。

哈！

想玩玩橡皮，想看看电视。

等我反应过来，都快要到睡觉的时间了！

这么晚了……

作业还堆积如山，我该怎么办呢？

攸攸教授有方法

一拿起手机就忘了时间？明明考试迫在眉睫，心里焦虑得不行，却还是很想看课外书、玩游戏？如果你也有这样的情况，那就说明你的自控力还有待提高哦！自控力为学习提供的帮助可大了！所以，我们要努力提升自己的自控力，这样才能在学习上更加自律，保持学习的动力和热情！

抵御诱惑：棉花糖实验

你知道吗？在心理学的历史上，有一个很著名的抵抗诱惑的实验，叫作"棉花糖实验"。1972年，斯坦福大学的心理学教授米歇尔在一所幼儿园里进行了这个实验。他找了一些4岁左右的小朋友，让他们一个人待在小房间里，房间的桌子上放着一个托盘，托盘里有一颗对小孩子来说极具诱惑力的食物——一颗棉花糖。

研究人员告诉小朋友们，自己要出去一下，如果小朋友们想在

这个时候吃掉桌子上的棉花糖，就得摇一下桌子上的小铃铛之后再吃，但是吃掉之后就没有了。而如果小朋友们能在15分钟内忍住不吃这颗棉花糖，等研究人员回来再吃，那研究人员就会多给他们一颗棉花糖当奖励。

结果，大多数小朋友都没坚持到3分钟就把糖给吃了。有些等了一会儿，但还是没到15分钟就把糖吃了。只有大概三分之一的小朋友等了15分钟，最终得到了第二颗棉花糖！

到这儿，"棉花糖实验"还没有结束，20年之后，米歇尔教授对参加实验的一些孩子又做了一次跟踪调查。在后来的研究中，研究者发现当年那些能坚持等待15分钟，吃到第二颗棉花糖的小朋友，都有很强的自控力。他们很坚强乐观，喜欢接受挑战，很自信，还能够自我肯定，处理问题的能力也很强，在事业上能取得更多的成功！

三阶段提升自控力

这项实验说明了增强自控力、抵制诱惑的重要性，那么我们如何提升自控力呢？现在，我向大家介绍一下三阶段提升自控力的方法。

第一阶段：自控前

在自控力发挥作用之前，比如写作业之前，我们需要做些什么准备呢？我们可以从这三个方面来考虑：

第一，定个小目标。怎样定目标能让我们更有动力呢？这时候，我们可以列出一份积极的愿望清单，比如，把"今天玩手机不能超过一小时"的目标，改成"今天要专注地写一个小时的作业"，这就是用积极的行为替换掉消极的行为，并组成积极的愿望清单，这样我们就不会总想着消极的行为啦！

第二，创造好环境。在学习之前，给自己安排一个"断舍离"的环境。或许你会好奇，什么是"断舍离"的环境呢？比如我们要主动远离电子产品、床和零食，保持桌面整洁，这样的环境就非常适合我们学习。记得还要跟爸爸妈妈约定好，在我们学习的时候，他们尽量别进房间打扰我们哦！

第三，给自控加点油。有研究表明，积极地想象未来可以让我们更有动力去做到延迟满足，实现自控。在空闲的时候，我们可以想象一下美好的未来，问问自己以后想成为什么样的人？从现在开始可以从哪些方面做出改变？把这些都写在信里，寄给未来的自己，挑战在规定的时间内做出改变，提升自己，然后把信存起来，到了约定的时间再打开。这样一来，为了实现信里的期望，我们就更有力量抵抗当下的各种诱惑了。

第二阶段：自控中

当我们执行学习任务时，比如写作业，这正是自控力发挥作用的时候，但我们的自控力可能会随着任务的进行逐渐减弱，这时候就需要用一些小技巧来增强它，我们可以试试这些方法：

第一，呼吸自控练习。我们把呼吸的速度放慢到每分钟4～6次，也就是大概10秒钟呼吸一次。深呼吸可以"唤醒"大脑，让理性归位。这样连续深呼吸几分钟之后，我们就会感觉到平静，控制感变得更强了。所以如果写作业的时候想看电视或者玩游戏，可以试试这个方法哦。

第二，5分钟"绿色锻炼"。"绿色锻炼"就是那些能让我们走到室外、亲近大自然的活动。研究发现，和在室内活动相比，5分钟的"绿色锻炼"能让我们更专心、更有自控力。所以学习累了的话，就可以出去走一走，散步5分钟，放松一下心情，就能慢慢恢复自控力啦！

第三，等待10分钟。仅仅等待10分钟，能有什么效果呢？科学家发现，如果向诱惑屈服前必须先等待10分钟，大脑就会把它看成是未来的奖励，就没有立刻满足的冲动，诱惑就变得没那么吸引人了。所以，在玩乐之前，先给自己安排10分钟的等待时间，在这期间，尝试以上提到的提升自控力的方法：想想积极愿望清单、做做呼吸练习或"绿色锻炼"5分钟，大脑就会觉得娱乐是未来的奖励，那它的诱惑就没那么大啦！这些方法是不是很有趣呢？快来试试吧！

第三阶段：自控后

当我们完成自己的学习任务，自控力成功发挥作用之后，很可能会有点小骄傲，然后一不小心就又掉进诱惑的"大坑"里，这可怎么办呢？我们可以这样做：当我们因为成功完成任务而沾沾自喜时，可以想一想"我们为什么要拒绝那个诱惑？"

自控后"自我良好"的感觉可能会让我们过度补偿和奖励自己，然而，记住自控是为了提醒我们不要忘记最初的目标，要继续坚持下去！比如，写完作业之后，我们可以问问自己："这次写作业的过程中，我是怎么忍住不看电视的呢？"这样不仅可以把这次拒绝诱惑的经验沿用下去，还能提醒自己在写作业时不能看电视，进而增强自控力！想一想，如果你完成了其他任务，你会怎样问自己来避免自控成功后的小骄傲呢？

做做教授心里话

自控力指的是一个人控制自己的行为、情绪和欲望的能力，它可以帮助我们抵制诱惑、克服困难、坚持目标，具有十分重要的意义！想要提升自控力可不简单哦！让我们一起行动起来，按照上述方法，成为自控小达人吧！

3. 探索学习风格，自主学习有策略

来劲！

上课的时候我可认真听课啦，还会积极举手回答老师的问题！

我也喜欢小组讨论这个环节，每次我们讨论的结果都很不错，老师还表扬过呢！

做得不错！

可是，如果要我一个人待在房间里学习，我总觉得特别没劲。

我自己写的作业怎么也得不到A+，为什么会这样呢？

攸攸教授有方法

和朋友一起学习时活力满满，自己独自学习时却无精打采？这种情况可能和你的学习风格有关！学习风格就是我们学习时喜欢的方式或者是效率最高的方式，每个同学都有适合自己的学习风格。找到最适合自己的学习风格，按照自己的风格来学习，就会更轻松！

学习风格：VARK模型

学习风格都有哪些呢？心理学家弗莱明根据人们在不同感官上的敏感度，发现了四种有趣的学习风格，分别是：视觉型（Visual）、听觉型（Auditory）、读写型（Reading & Writing）和操作型（Kinesthetic）。这四个单词的英文首字母刚好是VARK，于是这四种学习风格就组成了超酷的VARK模型，快来看看自己适合哪种学习风格吧！

如果你擅长用眼睛来捕捉信息，那你可能属于视觉型。视觉型的学生对于图片、动画、图表等视觉材料特别敏感。在日常生活中，他们更喜欢看绘本、漫画，或者有插画的书籍，书上的图片他们常常看一眼就记住了！他们还喜欢做一些和视觉有关的活动，比如画画、拼图、摄影等。然而，视觉型的学生不太擅长听觉和实操，对动手类的活动不太感兴趣。听老师讲课的时候，他们可能会更容易分心呢！

如果你对声音信息更敏感，那你可能是听觉型的学生。听觉型的学生会有什么特点呢？他们对声音敏感，非常喜欢与人交流，不仅喜欢倾听，也很喜欢表达！他们热爱参加各种活动，在活动中能很快理解规则，常常积极发言。在爱好方面，他们更喜欢与声音有关的活动，比如唱歌、演奏乐器等。在学习上，这类学生听课很认真，还会在课堂上积极举手发言，但是他们可能对作业和考试感到苦恼，因为写作业和考试更多的是用到视觉和读写能力，这些可不是他们的强项。

如果你对文字类的信息特别敏感，那你很有可能就是读写型学生。这类学生就像拥有超能力一样，能够轻松适应学校的教学方式！他们不仅识别汉字的速度非常快，而且还很喜欢阅读。与视觉型学生不同的是，他们更喜欢通过文字来感受故事的魅力，获取知识的养分。他们不仅是阅读小达人，还是写作小能手呢！记笔记、写日记、写小故事，样样都不在话下，还会经常通过记笔记的方式来加强记忆。

如果你特别喜欢亲自动手实践，那你的学习风格可能是操作型。学习知识的时候，操作型的学生可不只是看看书上的内容就满足了，而是更喜欢通过做手工、做实验，或者通过实地考察来进行深入了解。这类学生简直活力满满，根本坐不住，比起安静地学习，他们更喜欢运动，像足球、篮球这样的运动最受他们欢迎啦！跟他人交流时，他们的肢体语言会很丰富，还喜欢模仿别人的动作，表演更是他们的强项。

不同风格的个性化学习策略

了解这四种不同的学习风格后，该如何判断自己是哪种风格，并且按照自己的风格去学习呢？接下来，我向大家介绍判断自己学习风格的方法，以及对应的策略。

首先，我们可以通过问卷法来测试自己是什么类型的学习风格，比如在问卷中有这样一道题：

有一天，你走在街上，有一个陌生人来向你求助，他想去附近的车站，但不知道路要怎么走，这时候你会选择什么方式来帮助他呢？

A. 陪他一起走。

B. 告诉他怎么走。

C. 给他写下该怎么走，但是不画图。

D. 给他画张路线图。

这四个选项，分别对应着操作型、听觉型、读写型和视觉型。

A. "陪他一起走"就是要直接去做，所以是操作型。

B. "告诉他怎么走"得用声音表达，属于听觉型。

C. "给他写下该怎么走，但是不画图"是用文字来描述，属于读写型。

D. "给他画张路线图"，则是把视觉的图像直接展示出来，属于视觉型。

当然啦，仅仅凭这样一道题可没法完全确定我们的学习风格！想知道完整的测试题目，可以翻看本书的附录部分。不过要注意，测试结果很可能是复合型的。比如你的测试结果可能是：读写型优先，视觉型为辅助，听觉型在其后，而操作型最弱，这样的结果是很常见的。

知道了自己的学习风格之后，可以参照以下表格来制定自己的个性化学习策略！

个性化学习策略

学习风格	学习策略
视觉型	1. 使用思维导图、流程表、有趣的涂鸦或漫画代替文字。
	2. 用不同颜色的笔做笔记、画重点。
	3. 观看纪录片或知识类的动画片,用丰富的视觉信息加深记忆。
听觉型	1. 在日常学习中,多参与讨论、倾听他人想法、分享自己的意见。
	2. 大声朗读笔记资料,记录课堂内容或要点,之后多听几遍。
	3. 尝试把学到的知识讲解给别人听。
	4. 把知识编成有趣的故事、笑话或口诀来帮助记忆。
读写型	1. 增加阅读面,多做读书笔记。
	2. 经常写日记,把自己的想法写下来。
	3. 通过反复书写学过的东西,加深对学习内容的记忆。
操作型	1. 多参加比赛,参与实践活动。
	2. 学习知识的时候,多制作手工模型或动手做科学实验。
	3. 将需要记忆的内容编成动作,加深记忆。

　　以上就是适配每种学习风格的学习策略，我们可以在学习新科目的初期，用相应的小妙招来调动学习兴趣，让自己更轻松地学进去。但是，在很多学习场景中，我们得同时进行听、说、读、写，多感官配合起来完成学习。因此，在顺利进入一门新科目的学习后，我们可以采用"多感官学习法"来进行后续的学习。

　　当我们要记忆一个知识点时，同时看文本和图像的效果要比只看其中一个好太多了。用眼睛看、耳朵听、嘴巴念、动手写，把感官充分调动起来，大脑就能更有效地掌握和消化知识了。比如，在学习一个知识点时，我们在课堂上看老师演示、听老师讲解，这是视觉和听觉的刺激；那么在课后，我们回家自己再精读一下课本，做个笔记梳理一下，这是读写技能；最后再动手操作一下，这便是实践训练。相信通过多感官的运用，我们学到的知识就会更牢固、更深刻了。

攸攸教授心里话

　　我们每个人都是独一无二的，就像指纹一样。所以，亲爱的同学，只要我们根据自身特点，去探索、去尝试，就一定能找到适合自己的学习风格和相应的学习策略！相信在你的不懈努力下，学习成绩一定会节节攀升。

4. 神奇的表达公式，拥有超强表达力

听不懂

跟好朋友玩的时候，他们听不懂我说的规则。

上课回答问题的时候，老师听不懂我的答案。

我要说多少遍啊！！！

跟别人交流怎么这么困难啊？

我到底应该怎样表达才能让别人听懂呢？

攸攸教授有方法

同学们有没有遇到过这些情况：课堂上回答老师问题的时候，总会被说没有逻辑？跟好朋友玩游戏讲规则的时候，他们却一脸茫然，好像在听天书？其实，这和我们的表达方式息息相关！当我们拥有一套清晰明白的表达公式，和别人交流起来就会轻松很多，也能让自己表达时更加自信。

芭芭拉·明托的发现

芭芭拉·明托于1961年进入哈佛商学院，是学院的第一批女学员之一，她在1963年被麦肯锡顾问公司聘为该公司有史以来第一位女性顾问。

在麦肯锡公司的奋斗岁月中，芭芭拉·明托对各行各业的成功商界巨头和企业进行了深入研究。她惊讶地发现，这些炙手可热的人物在沟通表达和解决问题时有一个共同的秘密武器：他们能够巧妙地将错综复杂的思维梳理得清清楚楚，然后以一种简洁明了的方式呈现给他人。

灵光一现之下，芭芭拉提出了备受赞誉的"金字塔原理"，并出版了《金字塔原理》这本书。这个原理的核心思想是将思维按照逻辑顺序分解成简洁明了的部分，然后像搭建金字塔一样，将它们有序排列，构建起一座结构严谨的思维殿堂。这样一来，读者或听众不仅更容易理解和接收信息，还能更加轻松地记忆和传播信息。

借助这种结构化的方法，芭芭拉成功地帮助了无数人更好地组织和表达自己的想法，使沟通变得更加清晰、高效。而这一方法的威力不仅仅局限于商业领域，它在学术、科技、政府等各个领域都能大放异彩，成为一件通用的沟通利器。

神奇的表达公式：金字塔表达法

金字塔原理真的这么神奇吗？下面，我来向大家介绍金字塔原理的核心——金字塔表达法，有了它，我们就像拥有超能力一样，能够清楚地说出自己的需求和想法啦！

整个流程只需要三个步骤，就能让我们的表达更有逻辑，说话条理更清晰，进而提高沟通效率。这三个步骤分别是：结论，依据，材料。

金字塔表达梳理表

步骤	内容	结合生活中的情况
第一步	结论（最关键：一项就好）	
第二步	依据（支撑结论，二三项）	
第三步	材料（数据、细节、图表、例子、比喻等）	

由概括到细节，所用到的文字越来越多，是不是很像一座金字塔呢？我向大家详细介绍这三步，接着，我们可以试着以自己生活中的情况为例，一步一步填满上面的表格。

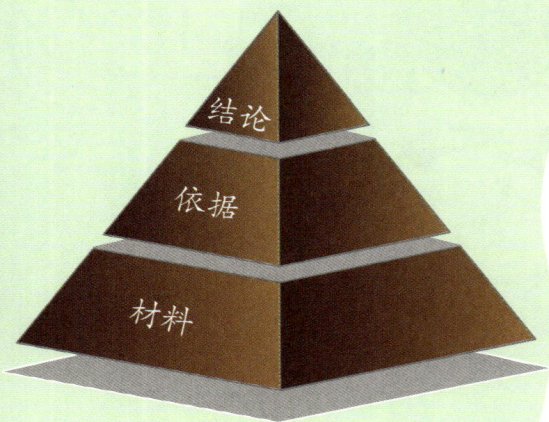

第一步，确认结论。这可是"金字塔原理"的核心哦！如果不先把结论放在前面，别人可能会一直琢磨我们的观点到底是什么。因此，我们首先要做的，就是明确自己的结论！结论是什么呢？简单来说，就是用一句话概括我们想要表达的意思。它可以是一个目的，比如"下周六我想去公园玩。""妈妈给我买个文具盒吧！"这些话都反映了我们想要做的事或者希望别人做的事。结论有时也可以是一个观点，比如"长城是人民智慧和劳动的结晶。""我是一个非常机灵的人。"这些话都反映了我们的观点。

如果想不出结论那该怎么办呢？我们可以在心里这样问问自己："我想要做什么呢？""对于这件事，我是怎么看的呢？"通过自我提问，我们就能更加明确自己的结论了。

第二步，分析依据。依据就是我们得出结论的原因。具体是什么意思呢？我们继续用上面的例子来解释。比如，结论是"下周六我想去公园玩"，那依据就可以是"我的朋友们都只有在周六下午才有空"。又比如，当父母问我们"你的周末作业完成得怎么样？"时，我们可以说"我的作业已经做了一半了！"这是结论；"英语写完了，语文还剩下作文，数学还剩3页练习题。"这就是依据，是更详细的描述。要注意的是，一个让人信服的结论，需要有两三个依据来支撑哦！依据太少会支撑不住结论，得适当加一些，而依据太多又容易让重点变得模糊，找不到结论，这时候就需要删掉那些和结论关系不大的依据。如果找不到依据怎么办呢？你可以问问自己："为什么我会这样想呢？""为什么我想这么做呢？"多问问自己为什么，你就能慢慢找到依据啦！

第三步，增加材料。通过上面两个步骤，有了结论和依据，我们其实已经能够把意思表达清楚了，但是增加一些材料，能够使我们的结论更有说服力，也更能感染听众，让听众信服，材料的内容包括哪些呢？它的类型有很多，像数据、细节、例子还有比喻等。比如，描写长城的句子"长城很长，从东头的山海关到西头的嘉峪关，有21 196千米，就像一条蜿蜒盘旋的巨龙。"在这句话里，21 196千米就是数据；细节呢，是对人、事物或者环境的具体描述，"从东头的山海关到西头的嘉峪关"就是细节；例子也很有用哦，当要说明的观点比较抽象的时候，我们可以用一个生活中的例子来帮助理解，比如"21 196千米"就比较抽象，那我们就可以说："一个人如果不眠不休从头走到尾，得整整走7年！"最后还有比喻，它能让我们的表达更生动，如"长城像一条蜿蜒盘旋的巨龙"，这样表达是不是更有力量了呢？

要注意，在日常生活中，我们有结论和依据就可以把话说明白了。但在演讲、辩论或者写作的时候，就可以加点材料，让表达更有说服力！那要怎样收集这些材料呢？这就得靠我们自己平时的积累啦！我们平时可以多看看书，要是有演讲或者辩论任务，就可以看看对应主题的视频，或者上网搜搜相关的数据资料，这些都是收集材料的好办法。

侬侬教授心里话

金字塔的形状一般是四角锥形，底部宽大，然后逐渐往上变窄，最后形成一个尖尖的塔顶。这种形状的建筑物更加稳定和坚固，不容易轰然倒塌。金字塔表达法也是如此，从窄到宽的结构，可以让我们的表达更具支撑力和说服力！

5. 氛围打造法，从不爱读书到爱上阅读

找到"黄金屋"

当我做完作业……

看书去！

但是我不太感兴趣。

我也知道看书对学习有帮助。

你好！

你好！

可是一看书我就……

我也努力认真看了，可是书上的字就是不进我的脑子，都说"书中自有黄金屋"，但我怎么也找不到我的"黄金屋"……

攸攸教授有方法

一看书就昏昏欲睡？读了半天，书里的字就往脑袋外面飘？这多半是因为你对阅读缺乏兴趣！可你知道吗？阅读不仅能帮我们学新知识，还能开阔眼界，提升语言能力和想象力，带我们探索奇妙的世界，邂逅有趣的人物。阅读的好处有这么多，那可得想办法让自己对阅读感兴趣起来呀！

净化心灵的文字

20世纪初的山东平原县，有户农家，住着一位老人和他的小孙子。每天清晨，老人都会坐在厨房的桌边，摇头晃脑地带着小孙子读《诗经》《春秋》《三国志》等古籍，那琅琅书声，真是好听极了。

有一天，小孙子疑惑地问："爷爷，我也学着您读《道德经》，可是不知道为什么，我就是猜不透里面的意思。有时候好像懂了一点点，可一合上书，脑子里就什么都没了。读这些书到底有什么用呢？"老人默默地往火炉里加了些煤，然后说道："用这个装煤的篮子去河边打一篮子水回来。"孩子照做了，然而，等他回来时，篮子里的水早就漏光了。孩子一脸不解地看着满脸沧桑的爷爷。

老人看了看孩子手里的空篮子，微笑着说："你跑得再快一些试试。"说完，孩子又试了一次。这一次，他加快了速度，可篮子里的水还是在他回来前就漏光了。孩子说："这根本没用，用篮子打水是不可能成功的。""你真觉得一点儿用都没有吗？"老人依然微笑着说，"你再看看这个篮子。"孩子看了看篮子，发现它确实有了变化：篮子变得干干净净，上面的煤灰都没了，连提手都变得光滑有光泽了呢！

"孩子，读古典书籍就像用这个篮子打水，你可能只记住了只言片语，也许对其中的含义也一知半解，但在阅读的过程中，那些文字和朗诵的氛围会潜移默化地影响你，净化你的心灵。"小孩把这句话深深地记在了心里。后来，他始终坚守着这个信念，与书籍为伴，不断努力进取，最终成为我国宗教学的泰斗。他就是已故的国学大师任继愈先生。

提高阅读兴趣：氛围打造法

看来，阅读是真的很重要呀！那要怎样才能提高我们的阅读兴趣呢？现在，我向大家介绍一个非常有效的方法——氛围打造法，它能让我们对阅读的兴趣"蹭蹭蹭"往上涨！

"氛围打造法"流程表

方法	步骤	内容
打造舒适的阅读区	选择独立的空间	
	准备合适的桌子、台灯等	
	选择合适的书籍	
和阅读成为朋友	设定阅读时间和口号	
	选择阅读方式	
	强化阅读意义	

这样一个图表，就是"氛围打造法"的全流程啦！只需要六个步骤，就可以打造出阅读的氛围，提高我们的阅读兴趣。我们一起来看看具体该怎么做吧！

第一部分，我们要先创建一个舒适的阅读区，可以叫上爸爸妈妈一起，打造一个属于

全家人的阅读小天地。

第一步，选择一个独立的空间。为什么要这样做呢，在床上躺着看不更舒服？那是因为一个专门的阅读空间，会让我们有满满的仪式感！一踏进这个地方，大脑就会提醒我们："嘿，该看书啦！"

我们可以在自己房间里划出一个角落，铺上地毯，或者用护栏围出一个专属的阅读区域。要记住哦，这个区域要和电子设备保持距离，保持安静和整洁。接下来，要和爸爸妈妈说好，我们读书的时候，他们可别来打扰哦。如果家里空间够大，那就更棒啦，可以选一个房间当书房，这个房间就专门用来读书，仪式感满满的！

第二步，配备一些合适的家具。桌子、椅子、书架还有台灯，这都得和爸爸妈妈一起精挑细选呢！可以选个软软的沙发椅，坐得舒服，读得也开心！如果铺上地毯，再来几个柔软的靠枕，温馨的阅读区就打造好啦，能让我们不知不觉就爱上了阅读！读书的时候，光线也不能马虎，一盏光线充足又护眼的台灯可少不了。最后，书架也很重要，如果是自己专用的，按

照身高来选就好，要是一家人一起用的，把常看的书放在自己面前那几层就好啦！

第三步，给自己挑些合适的书籍。兴趣是最好的老师，我们感兴趣的书籍就是最适合自己阅读的。如果你暂时没有什么感兴趣的书籍，对我们小学生来说，读经典名著是非常有意义的！不过，纯文字的名著对于低年级的同学来说难度太大。所以，我们可以从注音版的名著开始读起，像四大名著的注音版，或者《格林童话》《安徒生童话》的注音版，可以让我们轻松看懂，开心享受。对于高年级的同学，我们的语言理解能力和想象力都已经很厉害，所以可以读一些儿童文学类的书，还可以根据学习进度读一些科普书。阅读能让我们开阔眼界，对学习也有帮助呢！

第二部分，我们要和阅读成为好朋友，让阅读像朋友一样每天陪着我们，一起玩耍！

第一步，给自己安排一个阅读时间并设计一句口号。我们可以根据实际情况来安排，比如每晚睡觉前或者周末的早上，都可以是合适的阅读时间。阅读的时长可以根据自己注意力集中的时间来决定，低年级的同学每次阅读15~20分钟就差不多了，高年级的同学可以延长到半小时。定好时间，让我们给自己设定一句阅读口号，提醒自己该读书啦！什么样的口号比较好呢？我们可以在心里对自己说："9点啦，阅读时间到！""It's time for reading!"……什么口号都行，只要你喜欢！

第二步，选择自己喜欢的阅读方式。低年级的同学可以叫上爸爸妈妈一起阅读，遇到不认识的字就问问他们，也可以看看书上的图画，便于快速理解整篇故事。高年级的同学，肯定不希望受到打扰，更想自己独立阅读吧？在阅读时，可以把喜欢的句子记录下来，养成做阅读笔记的好习惯，这样不仅能加深自己的理解，还能时不时地反复品味书中的精彩内容。

最后一步，不断给自己强化阅读的意义。怎样去强化呢？我们可以像任继愈先生一样，时刻牢记着爷爷所说的"阅读能够潜移默化地影响我们，能够净化我们的心灵！"这样就能激励我们一直保持阅读的好习惯。

彬彬教授心里话

按照我们的生物钟，最佳的阅读时间就是睡觉前的半小时到一小时。在这个奇妙的时间段里，我们可以沉浸在书籍的海洋中，让心情慢慢平静下来，压力也会减轻不少。身心得到放松后，我们也更容易睡个好觉。说不定，我们还会在梦里继续刚才的阅读冒险呢！

6. 多感官阅读，培养良好的阅读习惯

开卷有益

攸攸教授有方法

有时候，你可能会觉得拿起课外书就像是踏上了一段无聊的漫漫征途。一想到老师推荐的那些经典读物，心情就会变得有些沮丧。你知道吗？这可能只是因为你的阅读习惯还没培养好哦！好的阅读习惯就像是一支神奇的魔法棒，能让你在书海中畅游。想要像读推理小说一样津津有味地读各类好书吗？跟我一起逐步培养良好的阅读习惯吧！

华罗庚的阅读习惯

许多拥有伟大成就的名人，都有着良好的阅读习惯。

大家都听过数学家华罗庚的名字吧？但很多人不知道的是，华罗庚是以刻苦自学的精神征服了数学高峰的。初中毕业后，他通过自学来掌握高中知识，用了五六年的时间，一步一个脚印地打牢基础，然后逐步提高学习效率。由于基础扎实，他在进入清华大学后不久，就开始学习研究生的课程。

华罗庚有许多良好的阅读习惯，比如他发明了一种神奇的"厚薄"读书法。他认为读书过程可以分为"由厚到薄"和"由薄到厚"两个阶段。当你真正理解了书中的内容，抓住了要点，掌握了精神实质，就会感觉书变得越来越薄；而如果在读书过程中深入探讨各个章节，添加注解和参考资料，书就会变得越来越厚。所以，读书是一个双向的过程，既要由厚到薄，又要由薄到厚。

此外，华罗庚还会用一种推想法来读书。每次拿到一本新书，他会先思考书名，然后闭目推想如果自己是作者会怎么写。想好后再开始阅读，对于已经了解的内容快速浏览，对于新颖独特的观点再认真思考、深入分析。这样一来，他能够博采众长，收获颇丰。

培养阅读习惯：多感官阅读

华罗庚的阅读方法对于现阶段的我们来说可能还是有些困难的，那我们可以从选书开始。

挑选书籍可是大学问！首先，我们可以按自己的兴趣来挑选课外书，但如果暂时不知道自己喜欢什么，别着急，还有其他窍门！比如说，一二年级的小朋友就像是充满好奇心的探索家，追求的是新奇的事物，眼睛里闪着好奇的火花，那么最适合他们的书籍就是那些充满画面、色彩斑斓、富有互动性的故事。而三四年级的同学们则像是聪明的侦探，喜欢挑战解密的任务，渴望探索未知的领域，那么冒险和推理小说也许更能激发阅读兴趣。至于五六年级的同学们，识字、阅读能力都基本成熟了，现在的任务是深入挖掘书中的内涵，像一位有智慧的考古学家一样，发掘书籍中的宝藏，探寻其中的智慧和真理。因此，我们可以选择一些更有深度、题材更

丰富的书籍，比如小说、诗歌、散文等等，让我们的探索之旅更加精彩纷呈！

说完了挑选书籍的秘诀，接下来，就要重点介绍多感官阅读的方法了，大家可以跟着我的介绍，一步一步填写后面的"阅读习惯培养记录表"哦！

什么是多感官阅读呢？多感官就是把视觉、听觉、触觉等多种感官结合在一起，让我们的眼睛、耳朵、嘴巴、双手都来参与阅读。我们将从营造氛围、自我提问和阅读记录这三个方面来打造多感官阅读。具体要怎么做呢？

第一步，营造氛围。良好的环境能够增强我们的感知力，因此一个温馨的读书角必不可少。在前文中，我们邀请爸爸妈妈共同打造一个专属阅读小天地。除了书籍、书架、书桌，我们还可以布置一些绿植，让绿色的叶子在空气中舞动，为读书角增添一丝清新的气息。这个读书角不仅是一个舒适的地方，更是一个充满魔力的藏书阁，等待着我们去探索。快来给自己定一个每天或每周的固定阅读时间吧，让阅读成为我们生活中最美好的时刻！

第二步，自我提问。在阅读过程中，不断地自我提问是非常重要的！这样可以促进我们思考，把自己的疑问说出来，也能够丰富听觉体验。对于低年级的同学，在读书过程中可能会看到许多插图，可以试着开口说出图上的内容，或者直接朗读文段。此外，在阅读过程中，看到有疑问的地方，可以停顿下来，做一些预测和回想，想一想"接下来会发生什么呢？""如果我是书里的主人公，我会怎么做呢？"我们还可以喊爸爸妈妈一起来读书，把看到的精彩部分讲给他们听，这样也能够丰富听觉体验哦！

第三步，阅读记录。读完书后，得像个勤劳的小蜜蜂一样做好记录，这样就可以让自己的阅读习惯像小脚丫走过沙滩一样，留下一串串可爱的足迹啦，还能给自己带来满满当当的成就感哦！同时也让我们的视觉和触觉体验变得丰富多彩。我们可以按照以下表格来记录自己的阅读感受，在上面写上或者画出自己喜欢的人物或场景，再写上自己的思考。喜欢的话，还可以用手工剪纸的方式来记录，这样就像给记忆安上了小翅膀，能让我们的记忆飞得更高更远呢！

阅读记录表		
日期：　　　年　月　日	阅读书目	我的感受

以上就是多感官阅读方法的所有步骤啦，快拿上你喜欢的课外书，尝试用起来吧！

侃侃教授心里话

在触摸和视觉结合的实验中，当人们观察要触摸的物体时，他们的触觉感知能力会提高。同理，当他们用手触摸物体时，视觉感知能力也会提高。这种触觉和视觉的交互影响，就像两个好朋友手牵手，让我们能够更加机灵地感知和理解我们所接触到的东西。所以阅读的时候，我们可以拿起笔在书上这儿画画，那儿涂涂，或者在笔记本上写下自己的想法，这样就能更好地刺激视觉和触觉。相信用上了多感官阅读法，你会越来越痴迷阅读的，让我们一起在书籍的世界里开启刺激的冒险之旅吧！

7. 勤思善问五步法，有效利用多方资源

1分钟
小漫画

提问的勇气

攸攸教授有方法

上完一门新的课程之后，你的小脑袋里是否会装满了疑问？害怕被老师批评，想问却不敢问，就像是暴风雨来临前的鸟儿，蜷缩在巢里不敢展翅飞翔。其实，当我们掌握了提问的方法，这些问题就会迎刃而解了！

善问的孔子

孔子是我国春秋时期伟大的思想家、政治家、教育家，也是儒家学派的创始人，大家都视他为圣人一样尊敬。不过，孔子可不觉得自己天生就懂很多学问哦。

有一次，孔子去鲁国国君的祖庙参加祭祖典礼。他对什么都很好奇，不停地向别人提问，几乎每件事都要问个清楚。有人在背后偷偷笑话他，说他不懂礼仪，什么都要问。孔子听到这些话后，笑着说："不懂就问，这正是我懂礼的表现呢！"

那时，卫国有个大夫叫孔圉（yǔ），他虚心好学，为人正直。当时的社会有一个习俗，即在最高统治者或其他有地位的人离世后，要给他们取一个特别的称号，叫作"谥（shì）号"。按照这个习俗，孔圉去世后，卫国的国君授予他"文"这个谥号，所以后来大家都叫他"孔文子"。

孔子的学生子贡有点不服气，他觉得孔圉也有不足的地方，于是就跑去问孔子："老师，孔文子为什么能被称为'文'呢？"孔子回答："敏而好学，不耻下问，是以谓之文也。"意思是说孔圉聪敏又勤学，还不怕向比自己地位低、学识浅的人请教，这就是他能得到"文"这个谥号的原因。

三人行，必有我师焉。

勤思善问小妙招：五步提问法

看，就连古代的大思想家们都还经常向其他人请教问题呢！我们更要向他们学习。可是，怎样提问才能让别人愿意帮助我们，不被拒绝呢？现在，我来介绍一个勤思善问小妙招——五步提问法！

五步提问法		
选择求助对象		
向他人求助的步骤	1. 礼貌询问	
	2. 描述问题	
	3. 记录思路	
	4. 确认答案	
	5. 表达感谢	
被拒绝怎么办		

表格里就列出了五步提问法的整体思路，是不是很想知道具体怎么做？别着急，我们一步一步来，大家也可以跟着介绍一项一项填满表格。

在提问之前，我们得先选好求助的对象，也就是要弄清楚谁能帮我们解答问题。要是不知道该怎么选，就问问自己：谁可以帮忙呢？谁会愿意来帮忙呢？谁有时间来帮我呢？这样，我们就能找到最合适的人啦！

当我们在家里碰到难题时，可以找爸爸妈妈或者兄弟姐妹来帮

忙。如果他们都很忙或者不在家，那该找谁呢？没错！我们还可以通过网络或者电话，向老师或者同学求助。但在此之前，我们要先确定他们是否愿意帮忙，有没有时间帮忙。

当我们在学校遇到问题时，又该找谁呢？如果是安全或健康方面的问题，一定要赶紧去找老师！要是学习上有困难，我们可以先自己动脑筋想一想，如果实在想不出来，就去请教老师或同学吧！不过，还是要先确定好对方能不能帮忙，愿不愿意帮忙和有没有时间帮忙这三点哦。

我们根据不同情况选择好求助对象之后，就到正式提问的环节了，这时候，可以用表格中的五步来提问啦！

第一步，礼貌询问。问对方是否有空，并了解对方是否愿意帮忙。面对长辈或老师时，我们可以这样问："您好，我有个问题不太明白，您现在有时间帮我解答一下吗？"如果是面对同学，我们可以直接叫对方的称呼，然后说清楚自己需要帮忙就行啦！

第二步，描述问题。我们要准确地说出自己的需求，这样别人才会知道怎么才能帮我们。那要怎么描述问题呢？如果我们有大概的思路，就可以先拿张纸，把自己会的步骤写下来，给老师讲一讲，问问老师自己的想法对不对，然后说出自己的疑问，让老师看看是哪一步出了错。如果一点思路都没有呢？我们可以这样跟老师说："老师，这道题我一点儿头绪都没有，您能给我讲讲吗？"一般来说，老师们都会非常欣赏勇于提问的同学！

第三步，记录思路。在提问之前，我们要准备好纸和笔。当别人解答问题时，我们要认真听，并把重要的部分记录下来，这样就不会忘了重点啦！如果在过程中有听不懂的地方怎么办呢？我们可以及时提问，或者先记下来，然后指给对方看，说："这个地方我不太懂，您能再解释一下吗？"

第四步，确认答案。等别人讲解完后，我们一定要根据笔记，向对方复述一遍，问问这样理解对不对，以确定自己真的听懂了。

第五步，表达感谢。当我们复述完，确定没问题了，一定要记得说谢谢哦！要有礼貌、懂得感恩，这样对方下一次才会更愿意帮助我们呢！

当然啦，这五步是比较理想的情况。如果我们提问后，别人直接拒绝了，我们又该怎么办呢？这时候，我们也要保持礼貌哦，毕竟对方可能是因为没时间才拒绝我们的。那我们可以再试试问问其他人，或者自己去查一查资料，解决这个问题。相信在我们的努力下，这些小问题都能够很快被解决掉！

五步提问法，你学会了吗？是不是觉得提问变得简单了呢？快在日常生活中用起来吧！

悠悠教授心里话

法国作家巴尔扎克曾说："打开一切科学的钥匙毫无疑问是问号。"提问就像一条神奇的纽带，能让我们和他人紧紧相连；也像一颗创意的种子，帮助我们培养创新思维，解决各种难题。它既是探索知识的钥匙，也是打开智慧之门的密码。让我们紧握提问这把钥匙，在知识的海洋里快乐遨游吧！

8. 预习法宝 REAL 法则，上课听讲有重点

跟上节奏

每一次老师上新的课程，我就经常跟不上节奏。

有时我会忍不住发呆走神。

我明明按照老师的要求提前预习这节课的内容了呀！

为什么其他同学学起来那么从容自如。

我却觉得压力满满，到底哪个地方出了问题呢？

压力山大

攸攸教授有方法

即便提前预习了，上课时还是像丈二和尚摸不着头脑一样听不懂？出现这样的情况，很有可能和我们预习的方法息息相关哦！预习是在老师讲课之前，自己先对即将要学习的内容进行了解和准备，它就像去旅行前做的攻略，让我们对目的地有一个大致的了解，这样在旅途中就能更好地欣赏风景啦！

杨振宁的预习智慧

著名物理学家杨振宁从小就对物理学充满了浓厚的兴趣，上学的时候，他养成了一个良好的学习习惯，那就是每次上课前都会认认真真地预习老师要讲的内容！

有一次，物理课上，老师提到了一个特别复杂的物理概念。这个概念可把大多数同学都给难住了，他们一个个愁眉苦脸的，拼命想理解却还是摸不着头脑。可杨振宁就不一样啦，因为他提前预习过相关内容，对这个概念已经有了一些了解。所以在课堂上，他轻轻松松就跟上了老师的思路，还毫不犹豫地提出了自己与众不同的见解呢！

老师对他的精彩表现感到相当惊讶，心里暗暗感叹：杨振宁对物理的理解可真是超越了同龄人啊！杨振宁的这个预习习惯不仅让他在课堂上变得更加自信和活跃，还为他以后的科学研究打下了坚实的基础呢！

提高上课效率：REAL预习法则

看来，课前预习真是非常重要呢！那要怎样做才是真正有效的预习呢？接下来，我来介绍一个课前预习大法宝——REAL预习法则。

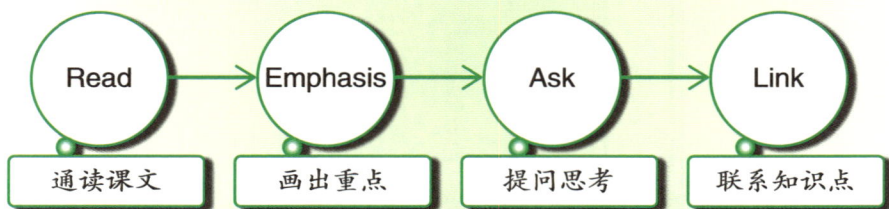

Read → Emphasis → Ask → Link

通读课文 　画出重点 　提问思考 　联系知识点

第一个关键步骤是R（read），即阅读！我们需要通读要预习的这一课，了解清楚这一课在讲些什么。具体该怎么做呢？让我们按照文科和理

科来分类介绍！在文科预习中，大概要给这个步骤3~5分钟时间。我们要通读课文，找找生词，查查它们的读法和意思。预习语文的时候，还要注意一下课文标题、作者和注释。预习英语就可以跟着录音读课文，模仿英文的语音语调，再借助翻译词典，帮助我们熟悉英文课文啦！而在理科预习中，这个步骤一般分配2~3分钟就行啦。我们要通读一下课本，看看它是通过什么案例引入知识点的，有哪些知识点和思考题，大致了解一下这节课需要学习的内容就好啦！

第二个步骤的关键词是E（emphasis），找重点！重点都有哪些呢？在文科预习中，这个步骤一般分配3分钟左右。在语文课文里，课文末尾出现的小问题都会提示重点哦！英语课文中，用不同颜色表示的单词、课文前后的表格和课后的问题，也都是重点的提示呢！确定好重点后，我们可以用不同颜色的笔，用横线、波浪线、圆圈等不同线条标记一下，这样就可以区分重难点啦！在理科预习中，这个步骤要分配3~5分钟哦！我们要知道课本中需要认识和记住的公式以及知识点，就算不理解也没关系，毕竟现在只是预习嘛！找到知识点或公式后，可以用荧光笔标记下来，这样就更醒目啦！

第三个步骤的关键词是A（Ask），就是提问思考啦！在文科预习中，这个步骤需要分配1~2分钟。我们要学会自己向自己提问，根据课本中的问题来问问自己，比如"这篇文章在讲什么呀？""用了什么手法呢？"之类的问题。要是有不理解的知识点，我们可以用不同颜色的笔标注出来，或者写在空白的地方，列出疑问提纲，上课的时候就可以更加关注这些问题了。在理科预习中，这个步骤需要的时间也是1~2分钟哦。我们可以把自己不懂的知识点记录下来，像是案例里的句子、知识点、条件、推导过程，或者结果，都可以记下来。上课的时候，就可以有针对性地听讲，这样就能帮助我们答疑解惑啦！

第四个步骤的关键词是L（Link），也就是联系之前学过的内容！在文科预习中，这个步骤需要3~5分钟。我们可以借助辅导教材来梳理知识体系，也可以自己开动小脑筋想一想："之前学过哪些用了同样写作手法的课文呢？这些课文有哪些相同点和不同点？这篇课文的作者还写过哪些文章？作者是哪个朝代的人？这个朝代有什么特点呢？"之类的问题。

　　在理科预习中，这个步骤可就需要3～6分钟啦！理科每课的知识点都是紧密相连的。如果没有掌握好前面的知识点，这一章节可能就学不好了，所以预习的重点就在这个环节哦！我们需要回顾两点：第一，这一课有没有用到以前学过的知识点呢？如果有，就把回想起来的内容写在书上吧！第二，这课的方法和之前学过的哪些方法比较相似呢？如果有的话，也可以写下来比较一下哦！

攸攸教授心里话

　　预习可不仅仅只是把课本内容看一遍就可以了，最重要的是要开动自己的小脑筋进行思考！这样预习才会更加有效。在课堂上带着问题去听课，自然也就不会走神啦！

9. 一张学习地图，激发好奇之心

我的兴趣

老师上课在讲地球的构造，其他同学都津津有味地在认真听课，只有我一点都提不起兴趣，看着窗外发呆……

学习了《卖火柴的小女孩》这篇课文之后，我回家问妈妈为什么我们现在都不使用火柴了，但是妈妈没有理我。

课文的生字词都记熟了吗？

作业做完了没？

妈妈，为什么我们现在都不使用火柴了？

我耷拉下脑袋，觉得更没意思了。

为什么老师和家长都只关心书本知识和成绩呢？

知识

成绩

攸攸教授有方法

一到学习的时候，自己就像一只无精打采的小懒猫，怎么也提不起劲儿；课堂上直打瞌睡，完全提不起兴趣；学习动力就像瘪了的气球，怎么也鼓不起来，一点都不愿意主动参与课堂讨论……遇到这种情况，可不是我们不够聪明，也许只是我们的好奇心迷路了。今天攸攸教授支个招，用一张学习地图，激发我们的好奇心！

好奇心的力量

好奇心就像是一座无尽的喷泉，汩汩涌出无穷的智慧和创意，为思考、发明和创造提供源源不断的动力。

400多年前，伽利略在实验室里用一个铁桶煮水，发现了一个非常奇怪的现象：当水开了的时候，这个铁桶里的水位就上升很多；当水凉了的时候，这个水位就下降很多。他对这个现象产生了强烈的好奇。后来经过不断探索，他发现了热胀冷缩的原理。

其实热胀冷缩是一个自然现象，一直存在着，但人们对此熟视无睹。伽利略却从中受到深刻的启发，由此发明了体温计。

好奇心激发小方法：学习地图三步走

看来，好奇心是我们积极探索世界的原动力呢！那要怎样才能激发我们的好奇心呢？现在，我向大家介绍一个激发好奇心的小方法——学习地图三步走，让好奇心的火花迸发出来，不断燃烧。

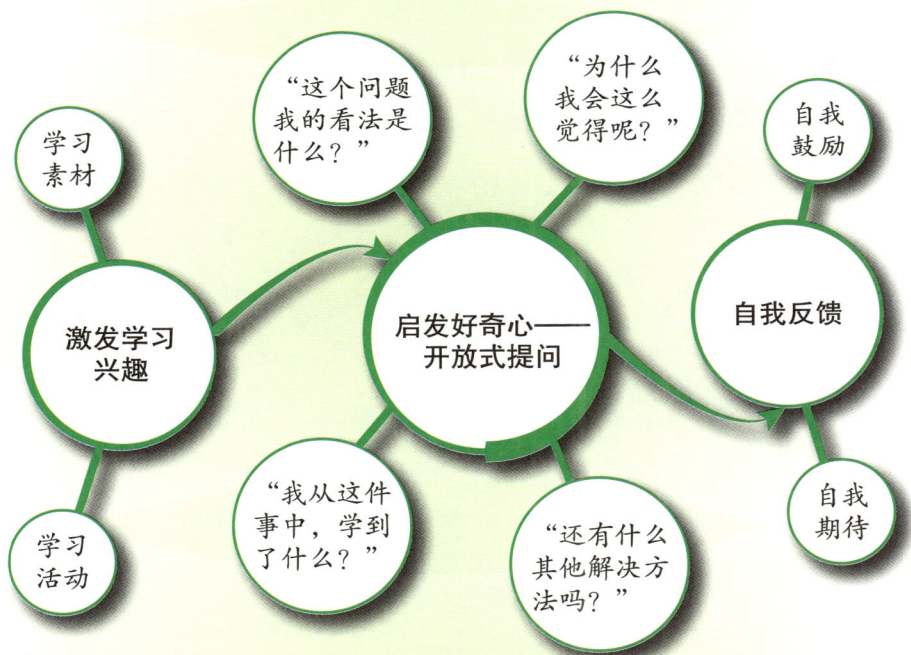

想象一下，好奇心是一只顽皮的小精灵，总是在你心底嬉戏玩耍。据心理学家乔治·罗温斯坦说，这个调皮的小家伙其实是在寻找信息缺口。当我们意识到自己已知的与想知道的之间的差距时，这个好奇心小精灵就会变得活跃起来，引领我们踏上探索之旅。

因此，第一步，我们得让自己的学习材料和活动丰富起来，这样才能点燃我们的兴趣小火苗！找到我们的兴趣所在，就找到了生发好奇心的沃土。一方面，我们可以寻找丰富的学习材料，另一方面，也可以多参与一些相关的学习活动。

比如，我们可以阅读一些不同类型的书籍，看一看有趣的科普视频，或者邀请爸爸妈妈和我们一起观看新上映的电影，我们还能去探索新的公园或景点，打卡博物馆或各种展览活动。这些活动都能给我们带来很多新的学习资料，让我们有机会去探索世界。说不定，你会对蚂蚁搬家很感兴趣呢！在现实生活中观察蚂蚁搬家的现象，和在课本上看到对它的文字描述，那可是完全不一样的感觉呢。

除此之外，我们还可以观看那些简单又好操作的实验视频，并动手操作看看。比如，观察水的张力，哪怕在装满水的碗上放一枚硬币，水也不会溢出来，硬币反而会漂浮在水面上。或者，用洗洁精破坏水的张力，在水面放上一条瓦楞纸做的小鱼，在鱼尾滴上洗洁精，一条"会游动的鱼"就出现啦。这些实验可有趣了，我们除了体验过程，也要探索背后的原理。可以问问父母原理是什么，也可以自己上网查查资料。这样一来，我们就能更好地理解在课堂上学到的知识啦！

第二步，启发好奇心的核心大法——开放式提问。学会用开放式提问的方法自

问，能有效地唤醒我们的好奇心。比如，当要买一本新书但是自己却不知道要选择什么书的时候，我们可以在心里这样问问自己："我是想看故事书还是科普书呢？"通过自问的方式来让自己的小脑瓜转动起来，继续思考。在选择好了之后，也可以进一步问问自己："为什么想选这本书呢？"明确自己的想法，也能引发自己对这本书的好奇心。

在日常生活中，我们就可以经常通过"四问"小锦囊的方式来向自己提问，不断激发自己的好奇心，第一问："这个问题我的看法是什么？"第二问："为什么我会这么觉得呢？"第三问："我从这件事中，学到了什么？"第四问："还有什么其他解决方法吗？"通过这样的问题，可以有效促进我们思考，激发我们的想象力哦！

开放式提问可以点燃我们的好奇心，而恰当的自我反馈能够让我们的好奇心持续燃烧！因此，第三步，我们就要多多进行自我反馈。

在追寻好奇心的探险中，让我们像一位专业侦探一样，仔细观察自己的行动。要不断给自己加油打气，赞美自己展现出来的杰出品质！想想看，在进行实验时，你是不是像一位顽强的探险家一样，百折不挠，充满耐心，勇敢尝试，最终战胜了实验的困难？又或者在备战考试时，你是不是像一名专业运动员一样，刻苦训练，认真复习？那么，这时候就大声对自己说："我真是了不起！"相信我，这会让你感到无比的骄傲和满满的自豪！

另外，我们可以把探索世界的期待写下来，就像是给自己画一张宝藏地图，指引未来的探索方向。想象一下，在尝试一些简单的物理实验后，我们突然发现对这个领域充满了兴趣。那么，就像在宝藏地图上勾勒出下一个可能的藏宝点一样，写下我们想尝试的下一个实验吧！这样一来，就像是不断给自己挖掘新的宝藏，保持好奇心的火焰持续燃烧！

保持对世界的好奇心，会发现许多事情都很有趣，快来尝试一下学习地图三步法吧！

欣欣教授心里话

爱因斯坦曾经说过："我没有特别的才能，只有强烈的好奇心。"永远保持好奇心的人，才能不断前进！好奇心就像一位向导，引领我们穿越迷雾，揭示隐藏的奥秘。让我们向爱因斯坦学习，悉心呵护自己的好奇心，对任何事物都保持求知的欲望，一起去探索这个奇妙的世界吧！

10. 制造心流开关，挖掘学习乐趣

分心

1分钟小漫画

平时在家里看电视剧、手机的时候我可以很专注，家里人怎么叫我都听不见。

但是只要一坐在书桌前，不到5分钟我就会分心，一会儿上厕所，一会儿削笔，一会儿喝水……就是不想完成学习任务。

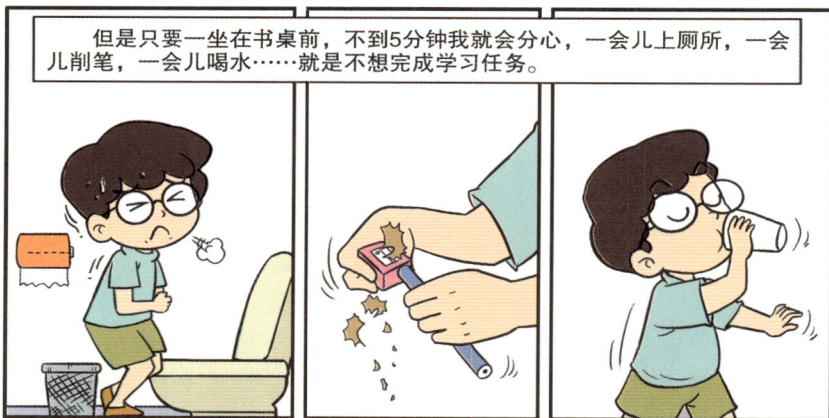

我不知道自己为什么会这样。

也不知道怎么做才能改变这种状态。

攸攸教授有方法

你是否有过这样的经历：看电视或玩手机时，眼睛仿佛被屏幕牢牢吸住，家人连喊好几遍都听不见！然而，一坐到书桌前，准备写作业或学习时，又像坐不住的小猴子，一会儿跑厕所，一会儿摆弄文具，反正就是不想做作业。

别担心，这种情况其实很常见！下面就让我们一起来探索，有没有什么方法可以让我们在学习时像跟玩游戏时一样全神贯注呢？

心流状态

大家有没有听说过"心流"这个词？

想象一下，当我们终于拿到那套心心念念的乐高积木时，心情简直要飞上天！我们立马就跃跃欲试，开始跟着说明书一步步组装起来。一会儿紧盯着说明书，生怕漏掉一个细节；一会儿仔细挑选着合适的积木块，像是挑选珍宝一样；一会儿轻轻调整积木的位置，像是个细心的匠人。在整个过程中，我们完全沉浸其中，时间

仿佛停止了，周围的嘈杂声也消失得无影无踪。每当完成一个部分，成就感就像小火花一样在心里绽放，激励着我们继续往前冲。几个小时一晃而过，最终，一个完美的乐高模型呈现在我们面前。看着自己亲手打造的作品，我们的内心洋溢着无尽的喜悦和满足感，幸福感油然而生。

这就是心流，是指一个人全神贯注地投入到某项活动中的状态。当心流状态产生时，个体会体验到一种极致的兴奋与满足感，仿佛整个世界都静止了，只剩下自己与所专注的那项活动。

那么，怎样才能让自己在学习中进入心流状态呢？

进入心流三步法

天下大事必作于细，虽然我们每天的学习任务很多，但心流训练方法需要循序渐进。所以，我们要学会把全部的学习任务拆解成最小单元，就像将庞大的拼图拆分成小块一样。我给大家准备了心流状态的启动指南，可以让学习事半功倍！

进入心流状态有三大步骤，分别是：排除干扰，调整难度，自我回顾。前面两个是维持心流状态的关键步骤，如果在做的过程中遇到困难，可以向爸爸妈妈寻求帮助，最后一步则是要我们自己去完成哦！

第一步：排除干扰，启动心流

当我们学习时，有时会有一些"小捣蛋"鬼来打扰我们，它们叫作"干扰"，可分为物理干扰和心理干扰两种。物理干扰是我们可以看到的，例如玩具、手机和平板电脑，它们总是想吸引我们的注意力。心理干扰则是我们脑子里乱七八糟的想法，比如跟爸爸妈妈吵架后，心情很糟糕，但还是要坐下来看书，那些气鼓鼓的想法和情绪就像小怪兽一样，在我们的脑袋里捣乱，让我们无法专心学习。

所以，想要进入那个神奇的"心流状态"，我们首先要把这些小捣蛋鬼赶走！一方面，把与学习无关的东西都收起来，只留下书本和笔，让学习环境变得简单又干净。另一方面，学习前要先调整好自己的心情，保持平和，不要跟爸爸妈妈聊一些让我们激动或难过的话题。如果在学校里有不开心的事情，可以放学后跟爸爸妈妈分享，他们的关心和支持会帮我们驱散烦恼，心情也会慢慢平复下来。

接着，创设启动仪式，从"玩"转换到"学"！我们可以挑个小告示牌，写上"作业中，请勿打扰"。在开始学习之前，先把房间收拾干净，然后把牌子有字的那面翻过来。这样，我们自己和父母都会明白要开始学习了，父母也不会来打扰我们了。重复几次这个过程后，只要一看到这个牌子，我们就会自然而然地进入学习状态了。

第二步：调整难度，稳住心流

自行评估学习任务的难度，并将单次任务的难度调整到"跳一跳，够得着"的程度。在这里我给大家介绍一个难度自评的方法：在任务开始前，问自己下面3个问题，回答"是"的话就打"√"，然后数一数有几个钩：0个代表任务很简单，1个代表任务有点难，2个代表任务比较难，3个代表非常难。

> **任务难度自评卡** 😊
>
> 　　1. 平时完成这类任务时，会被问题卡住，导致长时间停顿吗？
> 　　2. 平时完成这类任务，错误会超过一半吗？
> 　　3. 平时完成这类任务的时间，比你原来计划的时间要长吗？

如果任务很简单，那我们可以提高对时间和质量的要求，给自己加点难度。如果任务有一点难，这正好就是适合我们的难度。如果任务较难或者非常难，我们就需要采用有效的学习策略，通过分解任务来降低难度了。比如，适当延长完成任务的时间，或者将任务分成不同部分，逐个完成。这样一来，学习就会变得轻松许多，我们也会更有信心地完成学习任务啦。当我们专注于学习，感受到成就感，并且觉得时间过得飞快时，就说明我们已经进入心流状态啦！

第三步：自我回顾，积极反馈

当我们完成学习任务后，最重要的一步就是进行自我回顾并给予积极反馈。我们可以从以下几个方面，去给自己的学习过程打分。

1．学习态度：是否有认真地去思考答题？

2．学习习惯：坐姿是否端正？有没有仔细检查？有没有备好文具？

3．作业质量：错误的数量是增加还是减少？完成的时长是增加还是减少？

通过一段时间的不断重复，我们慢慢练就了自我反思的"超能力"，能够像探险家一样主动发掘自己的小进步和隐藏优势，不断给自己加油打气，提升专注力！而那种满满的成就感，就像是心流状态结束后赠送的超级大礼包，能让学习之旅变得更加有趣快乐！

攸攸教授心里话

想象一下，清澈的溪水在山间潺潺流淌，其实我们的思维和情感也可以像水一般自然流动，这便是心流。心流三步法，就从挑选一个你喜欢的小告示牌来创设启动仪式开始吧！

11. 舒尔特训练，培养认真专注好习惯

卷子发下来了……

英语考试试卷发下来了。

英语试卷

唉，很多不该错的地方都出错了。

漏字跳行

看漏看错

读前忘后

跳字漏题

理解错误

少写字母

这可怎么办呀？回家又要挨骂了……

攸攸教授有方法

同学们，你们平时做题时会不会漏字跳行，读了后面忘了前面，总是摸不清题目的意思？或者考试的时候经常看错或者看漏题目的关键信息？这真的让人很苦恼！

但是，别着急！出现这样的情况可能是因为我们的专注力不足。想要更加专注和细心，其实是有方法的。想知道怎么做吗？跟着我一起来学习吧，让我们变成专心致志的小"专"家！

专注的玛丽

波兰有位小姑娘名叫玛丽，她学习时非常专心。无论周围环境如何吵闹，都分散不了她的注意力。有一次，玛丽在看一本书，她的姐姐和同学在她旁边唱歌、跳舞、做游戏，她们的笑声、歌声和嬉戏声此起彼伏，但玛丽丝毫不为所动，仍旧沉浸在书的世界里，仿佛没有看见她们一样。

姐姐见玛丽如此专注，决定和同学一起测试一下。于是，她们悄悄地在玛丽身后搭起几张凳子，只要玛丽稍微移动一下，凳子就会倒下来。

然而，时间一分一秒地过去了，玛丽读完了一本书，几张凳子仍然稳稳地竖在那里。从此之后，姐姐和同学再也不逗玛丽了，还被玛丽的专注精神所感染，从此之后也开始专心读书，认真学习。

后来，玛丽凭借着强大的专注力，在放射性领域做出了杰出贡献，两次获得诺贝尔奖。玛丽就是居里夫人。

居里夫人的故事告诉我们，专注是成功的关键。只有当我们全身心地投入到某件事情中，才能取得成功。

两大神器：舒尔特训练法和读题训练

学习同样需要专注，专注的程度直接影响我们学习的效果。那到底怎样才能做到专注呢？接下来将教给大家两大神器，帮助大家提升专注力，减少跳字漏题的情况。这两大神器就是舒尔特训练法和读题训练。

神器1：舒尔特训练法

舒尔特训练法是由德国心理医生沃尔特·舒尔特发明的。这个训练一开始是为飞行员开发的，用于提高他们的视觉注意力，后来被广泛运用。目前，舒尔特训练法是全世界最简单、最有效也是最科学的注意力训练方法。它需要的材料也很简单，只要准备一张白纸和一支笔，用笔在白纸上画出舒尔特方格就可以了。最基础的舒尔特方格只需要一个5×5的表格以及有意义的内容。接下来，我会系统介绍舒尔特训练法的操作步骤。

首先，打印5×5的空白方格，在格子中随机填入连续的自然数，比如1~25。当然，你也可以在格子内填写其他内容，填写的内容可以根据自己的学习内容、能力水平灵活变化，例如将一个句子、一首古诗拆成一个个汉字，或者将一个英文单词拆成一个个字母等。此外，舒尔特方格的形式也是可以灵活变化的，除了5×5的25方格，还有许多其他类型，例如4×4的16方格，6×6的36方格，或者是其他不规则形状。

6	25	5	23	8
19	21	18	9	22
3	2	24	7	10
15	16	1	13	11
4	20	17	12	14

（数字1~25）

a	r	o	r	i
t	i	e	i	—
d	n	c	n	o

（空调的英语单词：air-conditioner）

画好格子并填好内容后，就按数字、字母或汉字顺序指读方格里的内容，就像找宝藏一样。以最基础的5×5数字舒尔特方格为例，你需要从1开始一直找到25。如果怕跳字，记得一定要用手指指着读，这样就不会错过任何一个数字啦！同时，记得计时并记录下每次完成的时间，通过比对时间的缩短情况就可以看到注意力的提升啦。

舒尔特训练用时记录				
第1天	第2天	第3天	第4天	第5天

　　大家在进行舒尔特训练的过程中，需要注意以下三点：

　　第一，难度要适中。刚开始训练的时候，别急着挑战最难的，可以尝试不同难度的方格，找到最适合自己的那一款表格。那怎么判断哪一种舒尔特方格适合自己呢？主要有以下两个标准：一是在客观上，可以通过时间标准衡量表格是否适合自己。每张表按字符顺序，迅速找全所有字符，如果平均每个字符用时1秒，则为优秀成绩，即9格用9秒、16格用16秒、25格用25秒。如果我们一开始练习25格的舒尔特方格需要1分钟，那说明这款方格对我们来说可能太难了，可以先从9格开始练习。当9格表能达到9秒钟之后可以进阶到16格，以此类推增加难度，不断调整表格以适应自己的水平。二是在主观上，可以通过个人感受判断表格是否适合自己。因为舒尔特方格内填写的内容是可以根据个人的学习内容、能力水平灵活变化的，可以是数字、语句、古诗或英文单词等等，当我们按顺序指读完表格的内容之后，我们就可以根据自己的感受和偏好来判断某款表格是否适合自己了。例如有些同学很喜欢古诗，相对于数字类的舒尔特方格，他们可能更喜欢按顺序指读古诗，那说明古诗类的舒尔特方格更适合他们。

第二，训练要长期坚持。每天训练10分钟就好，一般需要坚持一到两个月才会看到效果，所以坚持才是制胜关键。

第三，如果偶尔读错了，可以找到正确的方格继续读下去，不用重新开始或中断计时。如果我们反复出错，可以适当降低难度。有时候我们的训练成绩就像坐过山车一样，出现上下波动。不过别慌，淡定！要知道，人的注意力就好像那调皮的小猴子，上蹿下跳的，很难保证每次训练都能乖乖听话哟！正因如此，成绩有点起伏都是正常的啦！

除了使用舒尔特训练法，平时我们也可以玩找碴游戏或者连一连之类的小游戏，这些也是训练专注力的好办法哦！

神器2：读题训练

读题训练，顾名思义就是大声地读出题目，不需要解答。读了两三遍题目之后，转述题目的意思，例如这道题是在考什么，目的是什么，又提供了什么条件等。在转述完以后，可以把关键信息、易错点圈出来或者画线做重点记号。这个方法可比舒尔特训练法更简单易行哦。

　　同学们可以制定一个读题训练计划，规划训练的时间和科目。训练的时间是可以根据日常安排灵活调整的，例如我们可以在早上和晚上各抽出10分钟进行读题训练。训练的科目没有限制，语数英都可以，也可以从我们比较薄弱的科目开始，这样能更快见到效果。

　　低年级的同学，可以试着用手指或者笔尖点着题目读。要是遇到不认识的字，就去找爸爸妈妈问问正确的读音吧！高年级的同学如果觉得基础还不够扎实，或者还没养成读题的好习惯，最好还是从用笔尖指着题目大声读开始，慢慢过渡到只指不读，再到直接用眼睛看，心里默读题目。感觉自己的基础不错的，并且已经养成读题习惯的同学，就可以尝试默默看题目，然后在心里复述出题目的意思，这样更能帮我们仔细审查题目信息哦！

做做教授心里话

　　马克·吐温曾说过："人的思想是了不起的，只要专注于某一项事业，就一定会做出使自己感到吃惊的成绩。"学习也是如此，只有专心致志，才能取得好成绩。

　　同学们，如果你们想要提高专注力，在作业与考试中精准捕捉每一个关键信息，那就快把舒尔特训练法和读题训练两大神器用起来吧。经过一段时间的练习，相信我们一定会更专注，彻底改掉跳字漏题的毛病！

12. 善用学习草稿，远离粗心大意

我也不是故意的

攸攸教授有方法

我们是否经常丢三落四，被老师和家长批评"马大哈"？考试的时候明明感觉发挥不错，但卷子发下来却发现算式抄错，加减搞反？粗心大意确实是我们学习路上的一大拦路虎，不过没关系，接下来给大家支两个招——多彩标记法和草稿提炼法，让我们一起赶走粗心大意这个拦路虎，变得细心又认真吧！

败在多写一撇的战争

1930年5月，阎锡山和冯玉祥决定联合起来讨伐蒋介石，于是他们召开军事会议，决定各自派一支部队在河南沁阳县会师，集合兵力一举歼灭蒋介石。

没承想，会议结束后冯玉祥的作战参谋在起草作战命令的时候粗心大意，多写了一撇，把"沁阳"写成了"泌阳"。这个看似微不足道的笔误却造成了严重的后果。

于是，本来应该前往沁阳这一有利地理位置会师的冯玉祥部队背道而驰南下前往河南泌阳，导致两军兵力分散，错失了与敌人交战的关键时机，联合作战的计划泡汤了。阎冯联军也被蒋介石逐个击破，陷于被动挨打的局面，最后战役以失败告终。而那个参谋也为自己的粗心大意付出代价——被枪决了。

冯玉祥部队因为参谋的一时疏忽大意，电报发错了一个字，最终造成整个战役的失败。

两大神器：多彩标记法和草稿提炼法

在学习中，很多时候我们不是因为不懂某个知识点而出错，而是因为粗心大意。为了帮助大家克服粗心大意的坏习惯，接下来，我就教给大家两个方法。

方法1：多彩标记法

多彩标记小技巧是指在写作业的过程中，我们可以用不同颜色的笔来勾画信息，例如，把重要条件用蓝笔画出来，把问句用红笔画出来，通过动笔圈画题目，清晰地分辨出题目的关键条件和要求，避免粗心。

怎么分辨题目的关键信息和干扰内容呢？对于理科题目，我们可以多关注题目中的数字，以及"单、双"之类的表述，一般在最后的问号前会出现要解决的问题关键词（求体积或表面积等）。除此之外的形

容词，基本都是干扰项。而对于文科题目，关键条件多半会出现在后半段，尤其是"但是、然而"之类的转折词后面，具体要求通常在"请"字后面，需要根据题干信息来判断。

需要注意的是，一开始可以用颜色比较鲜艳的笔来勾画信息，每天练习3～5个题目，等熟练之后，就可以逐渐过渡到用直线画关键条件，用波浪线画题目问题等，避免频繁换笔，增加做题时间。

当然，你也可以用自己喜欢的方式来勾画，只要能起到分辨关键条件和题目要求的作用就好。如果遇到读不懂的题目，可以把读不懂的那段话圈出来，之后求助家长或者在上课时重点听老师讲解。

通过每天的练习，我们就会形成看到一个题目，便去找关键信息和问题的习惯，这样能帮助我们认真读题，不再漏掉题目条件，按要求答题，逐渐改掉粗心大意的坏习惯。

方法2：草稿提炼法

草稿提炼法的核心是善用草稿纸。别看草稿纸就是薄薄的一张空白纸，它的作用可大了！在我们做题时，草稿纸就像助手，帮助我们梳理逻辑，减轻大脑负担；题目做完之后，草稿纸又变成侦探，帮助我们检查和校对，看看自己的思路是否有遗漏，计算过程有没有出错，等等。具体怎么做呢？

对于比较简单的题目，可以直接在题目旁边做标记，来提示自己答题。举个例子，下面这道题可以在关键信息旁边标出应该用的运算方法，比如看到"剩下"，就可以画个减法的符号，看到"平均"应该用除法，就可以画一个除号作为提示。这样，看完题目之后，运算思路也就出来了。

服装厂要加工8000套服装，已经加工了4500套，剩下的要5天加工完，平均每天要加工多少套？

如果题目比较复杂，就可以借助草稿纸梳理题目信息。比如这道来自小学五年级数学课本上的题目：

一个长6分米，宽3分米，高4分米的长方体玻璃缸内盛有深2分米的水，放入一颗不规则的石子（石子完全没入水中），水面上升了2厘米，这颗石子的体积是多少？

这道题目中涉及长方体的长、宽、高，如果单纯地在脑海中呈现长方体的样子，很可能会将题目中，长宽高的数字混淆，这时候我们可以在草稿纸上画出一个长方体，并标出长、宽、高分别是多少，并且把求长方体体积的公式也写在旁边，甚至可以标出水面上升的高度。这样，题目的文字就变成一个直观的立体形象，可以帮助我们更好地理解题意。所以对于这道题，草稿纸上大概就可以这样呈现：

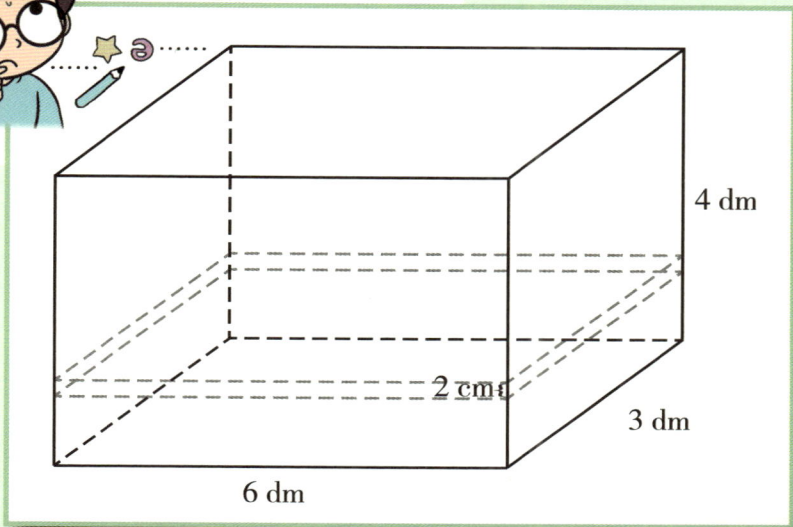

长方体体积=长×宽×高

需要注意的是，草稿纸不要求非常美观，只要能帮助我们梳理解题步骤即可，不需要在上面花太多的时间。但也要注意草稿纸的整洁，不然看到混乱的草稿，很可能会把数字、答案抄错，又或者是需要花费很多时间才能找到某道题完整的解题过程。

比较整洁的草稿纸会有以下的特点：有题号，过程工整，有分割线。大家可以对比一下下面两幅图，第一幅草稿就比较凌乱，但凡有个空白处就开始写了，分不清哪道是哪道；而第二幅草稿就明显清晰多了，进行了题号标记和分区，字体也十分工整。因此，在我们写作业时，可以尝试标题号打草稿，按照从上到下，从左到右的顺序，题与题之间画线进行分区，等等，养成正确使用草稿的习惯，帮助自己改掉粗心大意的坏习惯。

欣欣教授心里话

　　韩非子有言：千里之堤，溃于蚁穴。学习就如同修筑堤岸，每一次的粗心大意，都像是堤岸上的一个小蚁穴。一次粗心可能导致一道题的错误，数次粗心就可能影响一场考试的成绩。而在长远的学习道路上，粗心更可能成为我们前进的阻碍。就像蚁穴逐渐侵蚀堤岸一样，粗心也会慢慢地削弱我们的知识体系。它会让我们在关键时刻失去原本应有的收获。

　　所以，让我们时刻警惕那些看似微小的粗心大意吧！认真对待每一个细节和每一个知识点。只有这样，我们才能修筑起牢固的知识堤岸，在学习的海洋中稳步前行，最终驶向成功的彼岸。

13．2+1 暗示法，让学习不再三分钟热度

和妈妈的约定

晚上9点钟，我在津津有味地看动画片，正看到高潮部分，妈妈就喊我去洗澡睡觉。

快去洗澡！

虽然之前也和妈妈约定好了休息时间，坚持一周我就可以获得奖励。

但是动画片真的很吸引人，我想把这一集看完再去洗澡。

中断一天应该没关系吧，先把这一集看完更要紧，不然我肯定会总是想着这件事情的！

攸攸教授有方法

　　你是不是也曾经有过这样的经历：手里拿着精心制定的计划表，心想一定要按计划完成，但每当要开始执行时，却迟迟不肯迈出第一步？或者是做到中途自己偷偷改变主意，找各种理由推迟计划？其实，这些都是很正常的，我们每个人心里都有只小懒虫，它总是想让我们做开心的事情，逃避需要付出努力的事情。接下来我有一个"除虫药方"分享给大家，让我们更有行动力！

谁去挂铃铛

　　在一户人家里，老鼠们总是提心吊胆地生活，因为这户人家养了一只敬业的猫，时常捕猎它们。有一天，老鼠们聚集在一起，商量如何能够过上安稳的生活，不再受到猫的威胁。

　　一只聪明的小老鼠提议："如果我们能在猫的脖子上挂一个铃铛，每当它靠近时，铃铛就会响起，我们就能及时逃跑。"这个主意立刻得到了所有老鼠的赞同，它们都觉得这是个天才般的想法！

　　然而，接下来问题出现了：谁去挂这个铃铛呢？

　　当问出这个问题之后，所有的老鼠瞬间安静下来，大家都担心

自己会被猫抓住，因此都不愿意去冒险。

就像故事里的小老鼠，有时我们也会有很棒的想法和计划，但这个计划是否可行呢？我们是否有动力执行呢？如果没有执行，那这些想法和计划就永远都只能停留在脑海里，没办法变成现实。在学习上也是如此，我们光有目标和计划是不够的，怎样实现目标和计划才是更重要的！

接下来，我们一起看看提升执行力的一张魔法药方——《执行激励表》，帮助我们在计划中注入活力，大大提高我们的执行力。

执行激励表

我们行动力不足可能有两大障碍：一是计划不恰当，二是激励方式不到位。但别忧心，让《执行激励表》为我们解决这两道难题！这张表分为三个部分：首先，制定计划和奖惩方案；其次，借助2+1暗示法和等价替换法，确保计划执行；最后，随时进行反思总结。

执行激励表		
任务内容		
约定人		
时间		
制定奖惩	奖励	
	惩罚	
确保执行	2+1暗示法	
	等价替换	
评价结果（完成/未完成）		
及时反馈		

第一步，执行任务前，要先制定学习计划和奖惩方案

在制定计划的过程中，大家要根据自己的长处和不足找准努力的方向，列出我们的任务内容以及需要完成的时间。在列出任务清单之后，和父母一起做一个书面的约定。约定上要写清楚完成任务时的奖励，如果没有完成任务，将会受到惩罚，然后签上约定人的名字。例如，任务内容是背诵今天学过的古诗，所需要的时间是20分钟。如果做到了，可以从冰箱拿一个雪糕吃，如果没做到，雪糕就送给爸爸吃。

第二步，确保计划执行

在执行时，我们开始可能会拖延，或者会做到一半，突然放弃。遇到这些问题时，我们应该怎么做呢？

这里我教给大家一个"2+1暗示法"，它可以提升我们执行任务的动力和信心。"2+1暗示法"的具体做法是用"2句表扬+1句期待"鼓励自己。表扬的句式是：描述自己做出的某个行为+夸奖。例如："我现在能够流利地读一首古诗了，真是太棒了！"期待的句式是：说出我们希望自己做到的事情+暗示语。例如："我希望今天能把这首古诗背下来，我肯定能做到的！"这个方法需要我们平时更关注自己的优点，找到自己身上值得肯定的地方。前两次的肯定会让我们产生"我可以，我能行"的感觉，在面对任务时，就会有一种轻松愉悦的心情，也就更能坚持做下去了。

除了不愿意坚持之外，有时我们可能还会想要讨价还价，比如想要增加奖励。这时，我们可以使用"等价替换法"，进行一场精彩的交易游戏！等价替换就是用一个新任务来兑换一个新条件。比如：原本的计划是做40分钟的作业，就可以看20分钟的电视，但我们写了30分钟就觉得自己写得很辛苦，想要跟妈妈提出条件，要求看30分钟电视。如果我们直接提出自己的想法，妈妈很可能会一口拒绝，这样会打击我们完成任务的信心。

所以，不如跟妈妈商量一下：可以增加10分钟的电视时间，但是要额外做20分钟的运动。这样一

来，妈妈很大概率会同意我们的要求，我们也会更有信心和决心完成这个任务，就像是赢得了一场精彩的交易一样！

除了要求增加奖励之外，我们也有可能想要减少任务，这种情况也是可以使用等价替换法的。但是我们需要先区分清楚：我们为什么想要减少任务？如果是当下的任务对我们而言确实有困难，那我们可以和爸爸妈妈商量这个任务完成不了的原因，以及该怎样调整任务量。但如果我们说不出原因，单纯只是不想做，那么我们就可以使用等价替换法：今天可以减少任务，但是相应地，明天的任务需要加量。

第三步，完成任务后，及时对自己的表现进行反思总结

每一次任务的进行，都像是一场充满挑战的冒险，而总结则是我们的探险笔记。完成了任务，就像是征服了一座宝藏岛，我们应该按照约定奖励自己，给自己颁发一枚荣耀勋章。但如果任务没有完成，不要灰心，这就像是在寻找宝藏时会遇到阻碍一样，我们需要仔细分析失败的原因，把这些困难当作一次宝贵的探险经历，为下一次的冒险做好准备。

当我们按照约定取消奖励时，不要丧失勇气，而是要温柔地对待自己。我们可以对自己说："我知道自己已经尽力了，下次一定会更加出色！"此外，即使任务没有完成，我们也要鼓励自己，发现自己的闪光点，哪怕没有到彼岸，探险途中也能发现珍贵的宝物。比如，尽管有一些题目没有完成，但是今天的书写非常漂亮，这时我们可以对自己说："我觉得我的书写进步了很多，我要继续保持，加油！"

攸攸教授心里话

法国文学家伏尔泰说过："人生来是为行动的，就像火总向上腾，石头总是下落。对人来说，一无行动，也就等于他并不存在。"每个人都有无限的潜力，强大的行动力是释放潜力的关键。一张小小的《执行激励表》，能够让我们激励自己，克服困难，战胜挑战，走得越来越远。

14. 三重提效法，高效搞定作业

1 分钟 小漫画

明明很努力

晚上7点钟，我在写语文作业。

写了一会儿，突然想起……

呀！我还没有更正数学试卷！

于是我先更正数学试卷，更正没几道又忘记了思路。

索性打开英语阅读开始做练习。

就这么来回反复，不知不觉到了11点。

数学

英语

语文

我明明已经很努力地在赶作业了，但每天还是会做到很晚。

我都没有时间玩了，真烦呀，这可怎么办？

攸攸教授有方法

　　你有没有过这样的经历呢？在写作业的时候，心思就像一只调皮的小鸟，呼啦一下就飞远啦！写着语文作业呢，突然就心血来潮，跑去翻数学书了，结果呢，每一份作业都做得马马虎虎的。本来一个小时就能完成的作业，却总是要写到很晚才能写完。

　　如果全说中了，也别担忧，这可不是我们的能力有什么问题，只是写作业的方法不太高效呢！接下来，我要给大家分享一个超级厉害的"三重提效法"，让我们一起开启高效作业的奇妙之旅吧！

注意力残留

　　你听过"注意力残留"这个词吗？

　　想象一下，你正在家里看书，这本书非常有趣，让你完全沉浸在故事情节中。突然，妈妈叫你帮忙去厨房拿一下杯子。你虽然答应了，但是心里还想着书里的内容，一边往厨房走，一边还在脑海里回想刚才读到的精彩部分。

　　你走进厨房，妈妈告诉你杯子放在哪个柜子里。然而，由于你的注意力还残留在书中的情节上，你可能没有仔细听妈妈的话，或者即使听了也没有完全

理解。结果，你打开了一个又一个柜子，却找不到杯子，甚至还可能不小心碰掉了其他东西。

这就是"注意力残留"的一个例子。当你从一项任务（看书）转移到另一项任务（拿杯子）时，你的注意力并没有立刻完全转移到新的任务上，而是仍然部分地停留在原始任务上。由于注意力没有集中在当前任务上，你可能会犯错或者效率低下。注意力在上一项任务中残留得越多，进行下一项任务时状态就会越糟糕。

因此，在完成作业时，如果我们总是东一榔头西一棒子，就很可能会出现"注意力残留"的情况，导致自己越来越低效。想要高效完成作业，最重要的一点就是规划好作业的先后顺序，并严格按照规划实行，规避"注意力残留"的现象。想知道具体怎么做吗？接下来我会详细介绍"三重提效法"，继续往下看吧！

三重提效法

三重提效法包括建立规则、梳理作业清单和有效监督三个步骤。如果我们觉得自己独立完成这三个步骤存在困难的话，可以寻求爸爸妈妈的帮助，让他们配合监督和给我们提供支持。

三重提效法		
建立规则	作业规则单	九点前完成全部作业。
	奖惩计划	一杯果汁。
梳理作业清单	时间	1. 数学练习30分钟。 2. 默写古诗20分钟。
有效监督	不打扰	是□　否□
	复盘	完成□　未完成□

1. 建立规则

在这个关键的步骤里，我们要做两件重要的事情：一是完成"作业规则单"，二是规划一下写作业后的"奖惩计划"。

首先，制作"作业规则单"！这就相当于给写作业设定一套游戏规则。我们可以自己先想一想，什么时间点做作业，在哪里做，做多久，然后和爸爸妈妈商量，确保大家都同意并且能够执行。一旦规则确定了，别忘了把它贴在书桌前的墙上哦，这样一来，它就会时刻提醒着我们，别再偷懒了！

接着，规划奖惩计划！这就像定制一个特别的游戏关卡，只有过了这个关卡，才能有特别的大礼。奖励可以是我们最喜欢的画集或一次去游乐园的机会，当然啦，也不一定要事先确定，也可以在做完作业后再来决定。比如，我们提前完成了作业并且质量还过关，那么我们就可以自由支配更多的时间，爸爸妈妈也不能再加上额外的任务。但是，如果我们一直拖拖拉拉，没按时完成任务，我们就得乖乖坐在那儿完成作业，还要把额外的时间花在和爸爸妈妈复盘为什么没按时完成任务的原因上哦！

2. 梳理作业清单

写作业的时候，你有没有觉得自己就像一只飞来飞去的小蜜蜂，在不同的花丛中蹿来蹿去？比如，做一会儿语文阅读，然后突然又开始着手数学计算，接着又在背英语单词，觉得这样能够加快完成作业的速度。但是，实际上，这种频繁的切换反而会让我们的大脑变得乱糟糟的，处理信息的速度也会变慢，导致我们写作业的效率大大降低，让我们难以进入到心流状态！因此，我们一定要学会梳理自己的作业清单，规划好写作业的顺序和时间，具体可按照以下三个步骤：

第一，将所有待完成的作业按科目列出来，让自己可以直观地看到今天都有哪些任务。

第二，评估每一项作业需要的时间。根据自己以往的情况进行评估，把每一项作业需要的时间写在这项任务的右边。比如，默写两首古诗需要20分钟。

第三，给作业排序。作业的排序是很有讲究的，排得不好，可能一开始就让我们感到挫败，或者大脑的精力很快就消耗完。作业排序有两条参考性的原则：

（1）从难到易，比如将需要费脑子的数学练习、背诵、写作任务放前面，而将生字、单词抄写放在后面，这样，我们在一开始注意力最集中的时候，攻克难题，之后就会觉得越做越轻松啦。

（2）劳逸结合，我们的注意力能维持的时间在15～40分钟，所以在作业之间是必须安排休息的，不能期望自己一口气把当天的任务全部完成。我们可以使用番茄时钟法[①]，例如，完成了25分钟的背诵任务，可以休息5分钟；完成了2个番茄钟的任务之后，可以休息15分钟。

3．有效监督

有效监督的核心在于过程中不干扰，重点关注结果。

首先，我们来说说"不打扰"。你有没有遇到这样的情况？正在认真写作业，结果爸爸妈妈却频频过来催促，或者干扰你的思维？超级烦人吧！这样的打扰会让我们分心，还可能让我们失去写作业的自主性，甚至可能会有抵触情绪出现！所以，事先我们就要和爸爸妈妈好好沟通，告诉他们我们写作业时需要安静，让他们不要在中途过来打扰，比如不要在旁边唠叨，不要在我们旁边玩手机，保证我们能够全神贯注地写作业！

[①] 详见《学习高手"攸"方法·让学习更有方法》第29页。

接着，我们来聊聊"关注结果"。写完作业之后，我们可以让父母监督我们的完成进度，如果按时完成了任务，就可以按照约定的奖励来执行。要是没按时完成，那就要进行一番复盘了！我们需要和爸爸妈妈一起探讨延误的原因：是不是时间预估出了问题，还是因为中途走神了呢？如果自己搞不清楚，可以对照一下事先制定的作业规则单，找出问题所在，下次写作业时就要做好准备，避免再次延误。复盘完成后，按照约定执行惩罚。这样，我们不但可以及时纠正自己的错误，还能总结更多的经验教训，做一个越来越聪明的作业达人！

攸攸教授心里话

孔子曰："学而时习之，不亦说乎？"这句话在当代经常被理解为复盘的重要性。每次学习后进行复盘，可以巩固所学、发现问题、提升效率。这不仅使写作业过程更高效，还有助于培养良好的个人习惯让我们做事更有条理。

15. 查缺补漏不偏科，考试不再重复错

1分钟
小漫画

重复犯错

期末考试卷子发下来了，成绩不太理想。

仔细一看，错的全是之前错过的题目！

回想起复习的前一天晚上……

就这么左翻翻，右看看，感觉像是什么都看了，实际上一点儿也没吸收，难怪考砸了！

攸攸教授有方法

考试就像台风一样，总是不期而至。你是不是也常常为考试而感到头疼，不知道该从何处开始复习？感觉自己像无头苍蝇一样，在一团乱麻中零零散散地复习，根本没有章法可言？更让人郁闷的是，总是在考前才发现，居然还遗漏了这么多内容没复习；考试结果出来后，明明复习过的题目，却还是一错再错。

如果你常常碰到上面的情况，也许你还没掌握科学的复习方法。其实，复习也是有窍门的，好的复习计划，就像是标记好了的宝藏地图，能帮你轻松找到知识的宝藏。接下来，我会给大家介绍高效复习工具，帮助大家找到正确的方向，考出好成绩！

桥梁专家茅以升的记忆秘诀

茅以升是我国著名的土木工程学家、桥梁专家，也是中国科学院院士。茅以升主持修建了中国人自己设计并建造的第一座现代化大型桥梁——钱塘江大桥，这座桥梁被誉为中国铁路桥梁史上的一块里程碑。

茅以升自幼便酷爱读书并善于读书。为了锻炼记忆力，他常常在清晨时到河边，面对着

波光粼粼的河面，大声背诵古诗、古文。即便河上风帆点点、渔歌悠扬，他也能视而不见、听而不闻，完全沉浸在知识当中。在这个过程中，茅以升不仅熟背了许多古诗和古文，而且练就了超凡的记忆力。即使在80岁高龄时，茅以升仍能清晰地回忆起少年时期背诵的圆周率的小数点后100位。

当被问及记忆的秘诀时，茅以升微笑着说："说起来也很简单，就是重复！重复！再重复！"他的话虽然朴实无华，却道出了记忆的真谛。学习是一个不断重复、不断巩固的过程，只有经过反复复习，才能将知识牢牢地印在脑海中。

正如艾宾浩斯遗忘曲线所揭示的，学完知识的一天后，我们就会忘记74%的内容！如果我们不及时复习，很可能就相当于白学。那到底要怎么复习才能更高效呢？

高效复习法

高效复习结合了复习规划和二元复习法两大板块，其中复习规划是帮助我们明确复习的科目和时间的分配，而二元复习法则包括课堂笔记和错题本，两个方法双管齐下，复习效果会更牢固哦。

复习规划

复习规划需要分两步来执行，分别是分析薄弱科目和分配复习时间。

第一步，分析薄弱科目。我们可以分析自己的作业、习题册和试卷，根据正确率、作业等级的评价和考试得分的情况，来判断自己的薄弱科目。当然，我们也可以从自己的感觉出发，回想一下，平时的学习中哪一个科目让我们觉得最难？

第二步，分配复习时间。根据自己薄弱科目的排序安排复习时间。如果我们在某一个科目上的错题是最多的，或者自己认为是最难的，那么就说明我们可能还没掌握好这个科目的知识点，需要多分配一些时间来复习。相应地，那些我们觉得没有那么难的科目，就可以少分配一些复习时间。

二元复习法

二元复习法中的"二元"指的是"笔记+错题"，"笔记"是从课堂内容出发进行复习，而"错题"是对课后练习题和考试的回顾，双管齐下，能让复习更加全面和深入。

1. 康奈尔笔记复习

还记得我们在《让学习更有方法》中讲过的康奈尔笔记法吗？在这里我们简单回顾一下。康奈尔笔记的页面分成笔记栏、线索栏和总结栏。其中笔记栏是上课时用来记录老师讲述的内容；线索栏是对笔记内容的归纳，作为自己进行回忆的小提示；总结栏则用来记录自己的总结和感想。

笔记栏：	线索栏：
总结栏：	

使用康奈尔笔记来复习，一共分为四个小步骤：

第一步，检索。在开始复习之前先把要复习的内容找出来，只要我们前期做好了分类，那么这个步骤就非常省事。

第二步，遮挡并回忆。我们可以用手将左边的笔记挡住，只看右边线索栏的内容，然后靠回忆尽可能地还原左边笔记栏的内容。

第三步，检查。不管在第二步能回忆出多少，都没有关系，当回忆不出更多内容时，就移开笔记栏的遮挡，看看自己回忆的有没有错漏，加深对知识点的记忆。

第四步，标记。对于在第二步中没有回忆出的点，我们可以用红笔圈出来，表示这个点还没有完全掌握，那么在后续再次复习的时候，就可以重点去加深对这个知识点的印象。

以上就是通过康奈尔笔记来进行复习的方法。那么，在什么时候需要进行康奈尔笔记的复习呢？有两个重要的时间节点：一是当某个课程单元结束之后，这时复习能帮助我们梳理知识，建立起对这个单元知识的系统性认知；二是在临考前一周之内，这时复习笔记能加深我们对于知识点的印象，帮助我们取得更好的成绩。

2．错题本复习

错题本至少由四个部分组成，分别是错题区、正解区、错因分析区和知识点区。

知识点：	错题：
错因分析：	
正解：	

整理错题，分为三个步骤：

第一步，记录错题。注意一定要将错题完整地记录，如果是比较长的题目，就可以用剪刀剪下来或者用打印机打印，再用固体胶贴在错题区上。

第二步，写正解。记得在正解区用规范的作答方式将完整的答题步骤写下来，不需要把当初的错误作答也写上。

第三步，归纳错因，写知识点。当我们写好正确的回答后，需要在错因分析区写下自己当初做错的原因和对应的知识点。

所有的错误都是有规律的，发现了做错题的规律，就能避免重复犯错。了解了如何记录

错题之后，我们来学习怎么通过错题本来复习，一共有以下三种不同程度的复习。

（1）在复习时间充裕的情况下，把错题全部重做一遍，并对照检查。

先把正解区的答案盖住，然后在草稿纸上将答案规范地重写一遍，作答的时候要注意看看当初的错因是什么，避免再犯。每做完一题，马上对答案，而不是全部错题重做之后再统一对答案，因为这样可以在我们对这道题的记忆还很深刻的时候，立刻覆盖上正确答案的记忆，复习的效果会更加明显。

（2）在复习时间紧张的情况下，把重要的错题完整地重做并检查，接着把剩余的内容回忆一遍。

重要的错题是指自己反复做错的、印象还不够深刻的和经常会考的题目。而剩下的题目，复习的时候就可以盖住正解区的答案，然后在脑海里将完整的解答步骤想象一遍，不需要再写出来。

（3）当复习时间已经所剩无几了，比如临考的前一天晚上，那么就可以将所有的错题和正确解答看一遍，不需要写出来也不需要回忆解答步骤。

采用错题本复习，有两个比较推荐的时间节点：一是每个月选择一个时间进行一次常规复习。错题本代表了我们专属的易错知识点，需要反复地复习以加强记忆，避免二次犯错；二是考试前两周的冲刺复习，两周的时间较为充裕，可以采用前面讲过的方法，把所有的错题都重做一遍，这样在考试之前，就能吸收自己大量的错题经验，把"避坑"能力拉满了。

依依教授心里话

　　孔子曰："温故而知新，可以为师矣。"温习旧知识从而得到新的理解与体会，凭借这一点就可以成为老师了。因此，复习是学习中非常重要的一环，它能够帮助我们巩固知识，加深理解，提高记忆效果。

　　高效的复习工具，就像是给我们的复习之路点亮了一盏明灯，帮助我们找到正确的方向，考出好成绩。快把刚刚学到的高效复习法也复习一遍，用在实战中，相信我们一定能够表现得更加优异！

16. 1+3 使用准则，应对网络诱惑

1分钟
小漫画

沉迷之后……

放学回家之后什么都不想干，只想玩手机，和同学约着打游戏经常一打就是两三个小时。

打游戏

看视频

爸妈怎么说我都不想听，他们催促多了，我就觉得很烦，脾气暴躁。

所以最近老是和爸妈闹矛盾。

而且，因为沉迷手机，我写作业的时间也大大减少，导致我的成绩下滑。

虽然玩的时候很开心，但每次打完游戏之后我都很后悔，特别是看到自己成绩还下滑就更内疚了，我该怎么办呢？

攸攸教授有方法

你最近是不是放学回家后就沉迷于刷短视频、打游戏？一不留神，时间就像被黑洞吞噬一样，最后只能匆匆忙忙地赶完作业？成绩下滑、学习没心情，甚至还时不时发火？哎呀，这可是网络沉迷的标志，得好好重视起来！

网络沉迷，我们都知道是件麻烦事，但又控制不住自己。因为对很多人来说，只有在网络世界里才觉得快乐，一旦回到现实，他们就像是掉进了无聊、烦躁和内疚的大坑里。或许你也曾为此苦恼，但别担心，解决办法就在眼前！接下来，我介绍一个"打败网络"的绝招，帮我们摆脱网络沉迷的困扰！

网络使用小调查

首先请完成一份"网络使用小调查"，这份调查将帮助我们更好地了解自己的网络使用习惯，检查我们是否过度依赖手机。这份小调查不仅是对自己网络使用习惯的一次审视，更是对自己身心健康的一次关心。希望大家能够坦诚面对自己的使用情况，不隐瞒、不夸大。

网络使用小调查

题目	极不符合	不符合	符合	非常符合
最近三个月以来，虽然使用手机对我的日常人际关系造成负面影响，但我仍未减少使用手机。	1	2	3	4
最近三个月以来，使用手机所花的时间或金钱，常常超过自己本来预计的程度。	1	2	3	4
最近三个月以来，我曾想过花较少的时间在使用手机上，但却无法做到。	1	2	3	4
最近三个月以来，我曾因长时间使用手机而感到眼睛酸涩，肌肉酸痛，或有其他的身体不适。	1	2	3	4
最近三个月以来，我习惯睡前使用手机，而且因此睡眠时间减少或睡眠质量变差。	1	2	3	4
最近三个月以来，使用智能手机已对我的学业造成一些负面的影响。	1	2	3	4
最近三个月以来，如果手机突然被没收，或是突然被限制不能用手机，我会觉得很难受。	1	2	3	4
最近三个月以来，我只要有一段时间没有用手机，就会觉得心里不舒服。	1	2	3	4
最近三个月以来，我发现自己使用手机的时间越来越长。	1	2	3	4
与三个月前比起来，现在我每周使用手机的时间比以前增加许多。	1	2	3	4

请根据调查总分自查一下，如果我们的分数大于25分，那就说明，我们目前正处于过度使用手机的状态当中，需要进行自我调整了！

"1+3打败网络法"

怎么调整呢？下面，我们来学习一个打败网络沉迷的好方法——"1+3打败网络法"。"1"是指1大前提：坚定改变的意愿。"3"是指3小步骤，包括控制上网时间、转变上网内容、重建娱乐生活。当然，再好的方法我们不去实践，也不会有效。我们可以一边学习这个方法，一边完成下面的表格，并且尝试着使用起来！

1+3打败网络法		
内容	实际动作	
1大前提	坚定改变的意愿	
3小步骤	控制上网时间	
	转变上网内容	
	重建娱乐生活	

1大前提

1大前提"坚定改变的意愿"，是指我们一定要认识到网络沉迷的危害，并且要有主动改变现状的意愿和决心，就像是要征服一座险峻的山峰一样！虽然沉迷网络能给我们带来一时的快感和成就感，但长期来看，坏事就接踵而至了。视力下降、天天熬夜、颈肩酸痛、跟朋友沟通能力下降……甚至学业都荒废了，这些情况可一点儿也不好玩！

更重要的是，不能等待着别人来拯救我们，我们得自己下决心。如果我们心里不想做出改变，无论爸妈怎么逼我们，也没什么用。不过，除了靠自己，我们也可以和爸妈商量，一起制定一个"成长盟约"！爸爸妈妈带头以身作则，大家约定合理使用网络的时间，相互监督，这样既能改善我们的沉迷问题，还能改善我们和爸爸妈妈的关系。

3小步骤

第一步，控制上网时间。

我们已经下定决心要摆脱网络沉迷了，现在就从简单的事情做起。首先，我们可以试着减少自己上网的时间。刚开始可能会有点难，所以我们要把目标定得容易一些，然后再逐渐提高标准。最终的目标是要减少对手机的依赖，并且能够控制自己使用手机的时间。

比如，假设我们每天晚上回家都要玩手机2个小时。现在，我们就

来定一个新的规矩：接下来的一周，每天只能玩1小时30分钟。根据具体的完成情况，给自己一些小奖励，例如周一到周五我们都做到了，周末就可以和爸爸妈妈商量，给自己买新款玩具，或者吃一顿大餐！接下来，我们可以在这个基础上再进阶，每天减少到1个小时，以换取新的奖励。怎么样？充满挑战又有趣味吧！

第二步，转变上网内容。

在这个数字化的时代，网络已经成为我们生活中不可或缺的一部分，它既是我们的通信工具，又是我们的学习助手，所以不是不能上网，而是要合理上网。除了用来娱乐放松，我们还可以利用网络来获取更多的知识。想象一下，我们用80%的上网时间玩游戏或者看视频，而剩下20%的时间，我们可以用来观看一些有趣的科普视频，或者学习一些新的知识。这样一来，我们不仅可以享受娱乐，还能够丰富自己的知识，多好啊！

第三步，重建娱乐生活。

很多时候，我们上网其实就是为了找个"朋友圈"融入一下，或者因为身边没人一起玩，也没有什么别的爱好，所以只能靠上网来解闷。要想摆脱这种网络的"甜蜜陷阱"，其实也不难！

我们可以通过其他的活动来找到快乐，增强和现实世界的联系，培养健康生活的方式。想一想，除了上网，还有好多事情可以玩呢！比如，去科技馆看展览，去游泳馆泡泡水，跟朋友一起打球、看电影、野餐，还可以尝试做饭、做手工，甚至打打牌、下下棋。如果我们喜欢刷短视频，不妨看一些操作性的视频，像是手工制作、烹饪烘焙，然后自己动手尝试一

下！说不定还可以把和家人一起做这些事情的过程录下来，分享在社交平台上，多有趣呀！

如果你是个游戏迷，那也别急，可以试着参加一些线下的竞技活动，比如打打羽毛球、下下棋，感受一下现场比赛的激情和气氛。通过这些活动，不仅让我们能摆脱网络的诱惑，还能变得越来越积极乐观，也能跟小伙伴们多多交流呢！这肯定比光打游戏开心多了，是吧？

伱伱教授心里话

网络就像我们生活中的零食，适量享用可以为我们带来欢乐与满足；但过量摄入则可能对我们的身心健康造成不良影响，甚至让我们错过生活中其他更美好的事物。正如零食不能代替正餐一样，网络也不能成为我们生活的全部。

网络沉迷很多时候都是对现实的回避，想从根源解决问题，不是一时半会就能搞定的，需要给自己一些时间。只要我们有改变的决心，并且在行动上控制自己的上网时间、转变上网内容和多尝试其他的娱乐活动，就能慢慢摆脱对网络的依赖啦！快把"1+3打败网络法"用起来吧！

17. 良好习惯五要素，保持稳定输出

怎么会差呢！

老师和妈妈总是这么批评我。

你的学习习惯太差了！

可在学校学习了一天，放学回来当然要好好休息一下，看看动画片吧！

我可不这么觉得！

看完动画片，妈妈就催着我做作业，我索性边吃饭边做作业，油渍滴得整个习题册都是。

没一会儿，就遇到了不会做的数学题，我立刻拿起妈妈的手机，网上搜题看答案！

原来这么简单！

不一会儿作业就写完了。

我的学习习惯怎么会差呢！

攸攸教授有方法

　　想象一下，你是一艘船，那么学习习惯就是你的稳定器。但有时候，你的稳定器可能不够稳健，这会让你的航行变得颠簸不安。

　　你是不是经常遇到这样的情况：写作业时懒洋洋的，总是需要爸爸妈妈来催促才肯动笔，且写得又慢又拖沓？做题时没有认真审题，写完了也从不检查，错了甚至不知道自己错在哪里？

　　如果你有这样的经历，那可能是因为你还没有建立起良好的学习习惯。别担心，接下来我们一起找到让良好习惯稳定下来的五要素，让学习的航路变得平稳顺畅！

村上春树的写作和健身习惯

　　村上春树，这位享誉文坛的作家，凭借他独树一帜的写作风格和源源不断的创作热情，赢得了广大读者的喜爱。而他之所以能够持续保持如此旺盛的创作力，离不开他养成的两大良好习惯——坚持写作与健身。

　　村上春树有个雷打不动的习惯，那就是每天写作。在创作长篇小说时，他给自己定下了规矩：每天必须写出10页稿纸，每页400字。即便有灵感还想继续写，也照样写满10页就打住；如果哪天提不起劲写，也要鼓足精神写满10页。正是这份对写作的执着与坚持，让村上春树能持续产出优秀的作品，赢得读者的喜爱。

然而，长时间的静坐让村上春树的身体逐渐不堪重负，体能下滑，难以保持活力。为了改善这种状况，他开始尝试跑步，每天坚持长跑。他这一跑就是40多年，风雨无阻。跑步不仅让村上春树的身体变得健硕有力，还成为他创作的灵感，他将自己的跑步经历写成了一本书《当我跑步时我谈些什么》，与读者分享他的运动心得和人生感悟。

一天不写作、不跑步就不舒服，村上春树的写作和健身的习惯为他的创作事业提供了有力的支撑。可见，习惯真的非常重要，好的习惯能帮助我们走向成功，成就我们的一生！

良好学习习惯五大要素

大家可能经常会听父母和老师说要养成良好的学习习惯，那学习习惯到底是什么？

学习习惯，是指我们在学习过程中，经过反复练习所形成的、稳定的和自动化的学习行为方式，简单来说就是我们在学习中无须特别提醒就会一直重复的学习动作。假设我们已经养成了"每天阅读"的习惯。这个习惯的养成肯定不是一蹴而就的，而是我们在长期的阅读实践中逐渐形成的。起初，我们可能需要刻意

提醒自己每天找时间读书，但随着时间的推移，阅读逐渐融入我们的生活。我们不再需要外部提醒，每天到了固定的时间，我们就会自然而然地拿起书本开始阅读。这种自动化的阅读行为就是我们的学习习惯。

知道学习习惯是什么之后，那我还想问：有哪些习惯能帮助我们取得好成绩呢？

要取得好成绩需要我们养成五大良好的学习习惯，它们分别是：有计划地进行学习、自我监督、讲求效益、保持严谨和秩序，以及独立思考的习惯。接下来，我将详细介绍每个习惯。

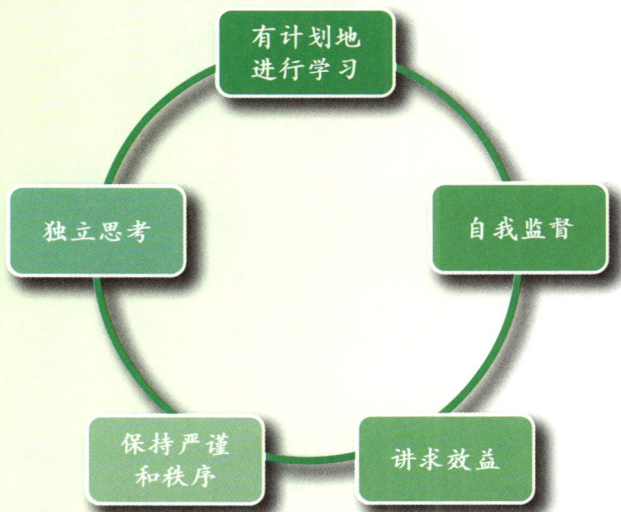

良好学习习惯五要素图

第一个习惯，有计划地进行学习。这意味着我们需要有明确的学习目标和计划，合理安排学习任务的优先级，并根据时间安排表来学习，而不是想起什么就去做什么。例如，有些同学往往不会提前安排好自己的学习任务，而是自己擅长哪科就先做哪科，不擅长的就拖到最后应付了事，这其实就是欠缺计划性的表现。

第二个习惯，自我监督。这意味着我们需要自觉执行学习任务，并监督自己按时完成，而不是依赖老师或者家长的催促。拥有这项好习惯的同学会把学习和作业当作是自己的事，有"先苦后甜"的思维，如果当天的任务还没完成，就不会去玩，而是会提醒自己先完成任务。相反，不会自我监督的同学，遵循的是"先甜后苦"，他们不管什么作业，先玩开心了再说，如果没有大人的督促，他们根本不会主动去学习。

第三个习惯，讲求效益。效益包含了效率（完成任务的速度）和收益（完成任务的质量）两个方面，讲求效益意味着我们需要在规定的时间之内，尽可能保证更高的正确率。例如，拥有讲求效益这一习惯的同学，就会在平常的学习中锻炼自己做得又快（有效率）又好（有收益）。与之相对的是两种不好的学习习惯：一个是拖拖拉拉，也许最后能完成得很好，但是耗时太长；另一个是马马虎虎，完全不管作业有没有写对，赶紧写完了事。

第四个习惯，保持严谨和秩序。这体现在考试上严格按照认真审题、在草稿纸上演

算、完成后检查的步骤来做题，把出错率降到最低。经常会有同学对老师说，自己其实所有知识都懂，上课时也能够对答如流，就是一到考试的时候，经常出错。而这通常是因为没有养成认真审题，或是完成之后仔细检查的习惯。尤其是在进行数学运算的时候，有些同学经常不按照步骤来，直接在脑子里进行演算，结果往往就是聪明反被聪明误。

　　第五个习惯，独立思考。这意味着我们要有自己的观点和见解，学会自行解决问题。遇到困难，不会立马想到寻求捷径或者依赖他人，而是先自己尝试。现在有拍照搜题的工具，只需要把作业题目扫描一下，就能马上得到答案。这对于有自觉性的同学来说，当然是个辅助学业的好工具。但是很多同学可能都拒绝不了这样省事的诱惑，直接就用这个工具来代替自己"完成作业"了。而这种行为就是欠缺独立思考习惯的表现，这些同学只要一遇到困难，就会立马想到寻求捷径或者依赖他人，而不是先自己尝试和思考。通过这些捷径得到的答案，往往转头就忘记了。所以，为了保证学习的质量，培养自己形成独立思考、自行解决问题的习惯至关重要。

攸攸教授心里话

马克思曾说过："良好的习惯是一辆舒适的四驾马车，坐上它，你就跑得更快。"因此，想要在学习上取得好成绩，就必须要养成良好的学习习惯，它能帮助我们更轻松更快速地达到目标。

这一章我们知道了取得好成绩的五大良好学习习惯。那这些习惯要怎样才能养成呢？快跟上我的步伐，继续往下学习吧！你会发现，养成好习惯原来这么简单又有趣！

18. 善用习惯循环，助力学习好习惯

迷糊大王

我的外号是迷糊大王，这是因为我做事既迷糊又邋遢。

早上，我总是迟迟起床，踩着点赶到学校。

到了学校，我总是发现自己又忘了带东西。

红领巾！

作业！

课本也忘在家里了……

放学回家，打开自己的书包，发现自己总把东西堆得乱七八糟的，找半天才能找到文具，有时还夹杂一些其他同学的东西。

咦？怎么还有一些其他同学的笔。

真希望能有一道魔法，把我从迷糊大王变成整洁大王，能够井井有条地做事情！

攸攸教授有方法

　　同学们，你们会不会经常被爸爸妈妈或老师批评没有养成好的学习习惯？比如：写作业拖拖拉拉，经常粗心大意，学习总是三分钟热度等。你们肯定也不想这样，但到底要怎么做才能养成良好的学习习惯？尝试了各种方法为什么总是坚持不下来？

　　别着急，接下来我会介绍四步习惯养成法。只要我们跟着这个方法来，一定会养成良好的学习习惯！

习惯的力量

　　齐白石，这位中国近现代绘画界的巨匠，以其卓越的艺术成就和独特的艺术风格在画坛上留下了浓墨重彩的一笔。

　　即使取得了一定的成绩，齐白石也从未自满，反而给自己定下了一个规矩：每天至少创作5幅画，并用"不教一日闲过"的警句来勉励自己。几十年来，齐白石始终坚守着每日挥毫泼墨的习惯，留下画作3万余幅。

在齐白石90岁生日那天，前来祝寿的人络绎不绝，齐白石一直忙到很晚才把最后一批客人送走。这时，齐白石想起今天还没有完成5幅画，但由于过于疲劳，齐白石难以集中注意力，最后在家人的劝阻下，他勉强放弃作画。

第二天，齐白石早早地起床了，匆匆忙忙洗漱完之后就一头扎进画室。家人怕他累坏身体，劝他吃完早饭再作画，但是齐白石不肯，执意画完5幅画才去吃早饭。

饭后，齐白石又跑到画室。家人不解地问："你今天不是已经画完5幅画了吗？为什么还要继续画？"齐白石认真地说道："昨天客人多，我没有作画，今天可要补上昨天的'闲过'呀！"

可见，习惯的力量是巨大的！正是齐白石坚持每日作画的习惯，才让他取得了非凡的艺术成就。那我们怎样才能培养良好的学习习惯，发挥习惯的力量呢？

良好学习习惯养成四步法

美国著名习惯研究专家詹姆斯·克利尔总结提炼了养成习惯的过程，它包括以下四个阶段：提示—渴求—反应—奖赏。举个例子，当我们写作业的时候，桌面上放了一块橡皮，这块橡皮形成了一个"提示"，让我们分心；随后，我们心里出现了"玩一下这块橡皮"的欲望，这就是"渴求"；接下来，我们终于忍不住，放下手中的笔，玩起了橡皮，这就

是"反应"；玩了之后，抛下作业的轻松和玩耍的快感就成了对反应的"奖赏"，强化了玩橡皮这个行为。想想我们在写作业的过程中玩橡皮的坏习惯是不是就是这样养成的呢？

当然，这四个阶段不仅与坏习惯的形成有关，也与好习惯的养成有关。接下来，我们重点来学习如何利用这四步法培养好习惯。

1. 提示

"提示"是提醒我们应该在什么时候执行行动。要想提示有效，这个提示必须是明显的、明确的，这里我教大家3个让提示更明确的方法，分别是："时间—地点—行为模板""习惯叠加法"和"环境提示"。

"时间—地点—行为模板"是指我们可以用"我要在几点，哪个地方，做什么样的事情"的表达公式来给自己清晰的提示。比如，我要在晚上9点至9点半，待在书桌前，阅读《中华上下五千年》。"习惯叠加法"是指我们可以先选定一个自己已有的习惯，然后把新的良好行为叠加在已有习惯上，这个已有习惯就是一个好的提示。比如，如果我们想养成每天阅读的习惯，而我们每天晚上睡觉之前都会喝一杯牛奶，那么我们可以规定自己每天晚上喝完牛奶（旧习惯）后，阅读课外书30分钟（新习惯）。"环境提示"是指让良好习惯的提示在生活环境中显而易见。同样地，如果我们想养成每天阅读的习惯，那我们可以在客厅茶几和房间书桌等显眼的位置摆上各种我们想阅读的书籍，让书籍在生活中随手可得，这样我们会更容易开始阅读。

2. 渴求

"渴求"是指让学习更有吸引力，这里有两个技巧：第一，用我们喜欢的行为来强化学习行为，这会让学习变得更吸引人，从而帮助我们形成习惯。比如我们在生活中热衷历史，如果我们想养成阅读的习惯，那我们就可以多阅读历史类书籍，慢慢我们也会喜欢上阅读这件事。第二，加入拥有相同爱好的群体，借助团队氛围培养良好习惯。如果我们想养成阅读的好习惯，那不妨试着加入一个读书社群，和一群爱阅读的伙伴一起举办读书会，分享好书和交流读后感。在这样的氛围中，我们分享的知识越多，在团体中的受欢迎程度就会越高，这将激励我们保持阅读习惯。

3. 反应

"反应"也就是行动。养成一个新的学习习惯时，这个行为一定要简便易行，所以我们需要降低行动的难度以减少阻力。这里我教大家两个技巧：第一，不要在一开始时让新习惯和旧习惯之间的差别太大。还是以养成阅读习惯为例，不要一开始就要求自己从完全不阅读转变成每天阅读两小时，而是应该逐渐调整，

从每天阅读10分钟开始，之后在原来的基础上每天多阅读10分钟。第二，两分钟准则，习惯养成的关键是迈出第一步。如果我们觉得每天坚持阅读30分钟有些困难，那就从每天只阅读10分钟开始，几天后我们可能会不知不觉地延长阅读时间到15分钟，再到20分钟，最终就能轻松养成每天阅读30分钟的习惯了。

4. 奖赏

"奖赏"是指我们要为学习行为提供正向反馈，也就是要给自己激励。我教给大家一个提供正反馈的技巧：可视化行为结果。当我们完成一项任务之后，如果能直观地看到自己的成果，就会带来强烈的正反馈。而学习任务清单就能实现这一点。以养成阅读习惯为例，我们可以准备一张清单，列出每天需要完成的阅读量，每次完成之后就在后面打个钩。这样一来，我们不仅能清晰地看见自己当天阅读量的完成情况，而且打钩的这个小动作也能让我们感受到完成任务带来的满足感。另外，我们也可以把阅读完这本书之后所能获得的奖励写在清单的最后一行，当我们每次检查清单，都能直观地感受到自己距离奖励更近了一步。

做做教授心里话

心理学中的 21 天定律表明：最少需要 21 天，我们就能养成和巩固一个新习惯或者新理念！就像每天刷牙洗脸一样，只要我们坚持下去，慢慢地，良好的学习习惯就会变成我们生活的一部分，变得自然又轻松。

所以快试试养成良好学习习惯的四步法吧，一步一步来，让学习变得更加有趣和简单！

附录

学习风格问卷测试

1. 你的膝盖有不适，你希望医生如何对你解释：

   A. 给一个网址或相关的文字材料

   B. 画图展示你的病况

   C. 利用一个膝盖的模型演示你的病况

   D. 口头描述你的病况

2. 你要在一家餐馆点菜，你会：

   A. 看看别人在吃什么或者看看每道菜的图片

   B. 看菜单上的菜名点菜

   C. 听从服务员的建议或朋友推荐

   D. 选择你以前在那里吃过的食物

3. 回忆一下你曾有过学习新事物的经历，如骑自行车，你通过以下哪种方式学习？

    A. 观看视频示范

    B. 倾听某人讲解并提问

    C. 通过图形和表格去了解

    D. 看文字说明，如手册或教材

4. 你已完成一次竞赛或测验，想知道结果。你希望通过以下哪种方式获知结果？

    A. 从你已完成的情况中选取实例进行说明

    B. 使用曲线图显示你完成的情况

    C. 通过与某人交谈，加以了解情况

    D. 通过书面形式，获知结果

5. 你更喜欢老师使用下列哪种方式来授课或做分享？

    A. 示范，模型或实践课

    B. 问答交谈，小组讨论或办一场公开讲座

    C. 打印稿件，派发书籍或阅读材料

    D. 多采用表格或曲线图

6. 你想学习一款新的电脑软件或游戏，你会：

    A. 遵循相关书籍上的步骤去做

B. 与熟悉该软件的人交流

C. 使用键盘、控制器或其他硬件设备来练习

D. 阅读该软件或游戏的说明

7. 你需要在一次会议或特殊时刻发表重要讲话，你会：

A. 写几个关键词并且反复练习演讲技巧

B. 做出图表或曲线图来帮助讲解

C. 写出讲稿并反复阅读，熟悉内容

D. 搜集许多事例和故事，使讲话真实，切合实际

8. 你正通过一本书或网站学习如何使用数码相机拍照，你希望它们提供：

A. 关于改进建议的详细文字或列表说明

B. 拍得好与不好的照片及怎样提高拍照技巧的大量实例

C. 标明相机每个部件功能的示意图

D. 能回答提问并且交流有关相机及其特点的客服

9. 你给家人安排度假活动，想听听他们的意见，你会：

A. 利用地图或网站标明要浏览的地方

B. 口头向他们讲述一些重要安排

C. 给他们一份打印的行程表

D. 给他们打电话或发电子邮件

10. 有人想去你所在城市的机场、市区或火车站，你会：

    A. 陪他（她）一起走

    B. 写下行走路线（不画图）

    C. 给他（她）一张地图或者画张路线图

    D. 告诉他（她）大概的方向

11. 一群游客想了解你所在城市的公园或者野生动物保护区的情况。你会：

    A. 带他们到公园或野生动物保护区，并陪他们逛逛

    B. 发给他们一本有关公园或野生动物保护区的书或者宣传手册

    C. 与他们交谈或者为他们举办一个有关公园或野生动物保护区的小讲座

    D. 给他们看一些网上的图片、照片或画册

12. 不考虑价格，买一本非小说类书籍，以下哪方面最能影响你的决定？

    A. 有真实的故事、经历和事例

    B. 提供快速阅读的试读章节

    C. 封面看起来很吸引人

    D. 有朋友谈论并推荐过

13. 空闲时刻玩手机或上网，你更喜欢：

    A. 音频，可以听音乐、电台广播或访谈节目

    B. 可以点击链接或互动性强的内容

    C. 有趣的设计和有视觉冲击力的内容

    D. 有趣的文字叙述和解说

14. "独立"这个词的英语拼写应该是"dependant"还是"dependent"？你没有把握，你会：

    A. 查词典

    B. 开口读一下这两个词的读音，然后选择

    C. 把这两个词写在纸上，然后选择

    D. 在头脑中想一下这两个词的拼写，然后选择

15. 你打算买一部数码相机或手机。不考虑价格，以下哪个方面最能影响你的决定？

    A. 免费试用或者测试

    B. 阅读关于其特点的详细说明

    C. 销售人员当面介绍其特点

    D. 设计时髦，看起来很好

测试结果说明：

根据测试者填写的问卷答案，统计V（视觉型—Visual）、A（听觉型–Auditory)、R（读写型–Reading & Writing）、K（动觉型—Kinesthetic）的总数（如下表），数量最多的即为优势偏好。

不同学习风格偏好统计表

题目	选项A	选项B	选项C	选项D
1	R	V	K	A
2	V	R	A	K
3	K	A	V	R
4	K	V	A	R
5	K	A	R	V
6	V	A	K	R
7	K	V	R	A
8	R	K	V	A
9	V	K	R	A
10	K	R	V	A
11	K	R	A	V
12	K	R	V	A
13	A	K	V	R
14	R	A	V	K
15	K	R	A	V